Jean-Louis PEDINIELLI

INTRODUCTION À LA PSYCHOLOGIE CLINIQUE

Deuxième édition

ARMAND COLIN

Dans la même collection

72. HARDY-BAYLÉ M.-C., *Le diagnostic en psychiatrie*
78. BLANCHET A. et TROGNON A., *La psychologie des groupes*
82. PEDINIELLI J.-L., *Introduction à la psychologie clinique*
110. MORO M.-R. et LACHAL C., *Introduction aux psychothérapies*
136. VANIER A., *Éléments d'introduction à la psychanalyse*
182. BÉNONY H., *Le développement de l'enfant et ses psychopathologies*
190. GUILLEVIC C. et VAUTIER S., *Diagnostic et tests psychologiques*
213. DELAROCHE P., *L'adolescence. Enjeux cliniques et thérapeutiques*
265. PEDINIELLI J.-L. et GIMENEZ G., *Les psychoses de l'adulte*
266. GUENICHE K., *Psychopathologie de l'enfant*
276. BÉNONY H., *L'examen psychologique et clinique de l'adolescent*
279. PEDINIELLI J.-L. et BERTAGNE P., *Les névroses*
282. ANAUT M., *La résilience*
283. GRAZIANI P., *Anxiété et troubles anxieux*
285. TARDIF C. et GEPNER B., *L'autisme*
290. BÉNONY C. et GOLSE B., *Psychopathologie du bébé*
293. CHARRIER P. et HIRSCHELMANN-AMBROSI A., *Les états limites*
294. PEDINELLI J.-L. et BERNOUSSI A., *Les états dépressifs*
295. GRAZIANI P. et SWENDSEN J., *Le stress*
296. CORDIER F. et GAONAC'H D., *Apprentissage et mémoire*
305. BOURGUIGNON O., *La déontologie des psychologues*
306. HAOUZIR S. et BERNOUSSI A., *Les schizophrénies*
307. PIRLOT G. et PEDINIELLI J.-L., *Les perversions sexuelles et narcissiques*

Jean-Louis PEDINIELLI est professeur de psychopathologie et de psychologie clinique à l'université de Provence et psychologue clinicien. Ses recherches portent sur les addictions, la psychosomatique et sur les émotions.

Internet : http://www.armand-colin.com
ISBN : 2-200-34272-1

SOMMAIRE

AVANT-PROPOS

La psychologie clinique n'est pas une spécialité facile à définir et les divergences d'appréciation entre les auteurs amèneraient peut-être à risquer le pluriel (les psychologies cliniques), plutôt que le singulier. Ces différences contribuent à l'originalité de cette discipline qui est à l'interface de la pratique et de la production de connaissances. Mais elles reflètent aussi des oppositions indépassables et peuvent avoir comme effet de réduire son champ et ses méthodes de manière d'autant plus étonnante que l'activité des « psychologues cliniciens » est vaste. Les conceptions de nombre d'auteurs sont ainsi *prescriptives*, formulant ce que devrait être la psychologie clinique et définissant *a priori* ses conditions de validité et sa légitimité. Malgré leur intérêt, ces travaux évoquent peu la démarche concrète des cliniciens qui, par leurs activités, leurs discours, la font exister. Aussi ai-je souhaité faire ici un travail *de* psychologie clinique et non pas simplement *sur* la psychologie clinique.

J'ai ainsi choisi de présenter l'état actuel de la psychologie clinique en évoquant ses remaniements récents ; la clinique quotidienne change, nous ne rencontrons plus les mêmes problèmes, nos théories de référence se diversifient ainsi que nos procédures de recherche. J'ai souhaité aussi ne pas me contenter de présenter les outils classiques, mais sortir de la présentation universitaire pour évoquer les tâches des praticiens. La diversité de nos interventions, des lieux dans lesquels nous travaillons pose le problème de ce qui nous est commun, de ce que nous partageons. Appartenons-nous à une discipline éclatée ou bien, au-delà de nos pratiques, de nos spécificités, possédons-nous en commun des problématiques, des concepts, des démarches qui nous sont propres et qui constituent notre originalité ? Personnellement je le crois.

Ce livre n'est pas seulement destiné à fournir une information universitaire sur les différents aspects de la psychologie clinique, sur ses incertitudes et sur ses apports. J'espère qu'il donnera envie aux lecteurs de s'engager dans la pratique clinique ou dans la recherche en psychologie clinique, secteur qu'il reste à développer et à valoriser. La psychologie clinique est pour moi l'un des domaines de l'action humaine les plus passionnants et les plus fertiles tant dans son orientation pratique visant la prise en compte de la souffrance ou des conflits d'un individu, que dans la production de connaissances qui permettent de mieux comprendre, voire d'expliquer, la manière dont l'homme construit son monde. Je voudrais aussi exprimer toute ma gratitude à Pascale Bertagne, Anne-Marie Bartoletti et Georges Rouan qui m'ont apporté leur aide amicale dans la réalisation du travail ainsi qu'aux étudiants qui, par leurs questions, leurs travaux et leurs critiques m'ont permis de reformuler certains problèmes.

HISTOIRE DE LA PSYCHOLOGIE CLINIQUE

La psychologie clinique est apparue dans un contexte où la notion de « clinique » avait déjà une définition et qualifiait des pratiques médicales. Ces dernières ont servi de socle, voire de source d'inspiration, à cette nouvelle discipline.

1. Origines

Si la discipline n'est réellement apparue qu'après la seconde guerre mondiale aux USA, le terme « psychologie clinique », certaines de ses problématiques, de ses méthodes, étaient déjà présents dans d'autres spécialités.

1.1 Les sources : cliniques médicale et psychiatrique

À la fin du XVIIIe siècle, la clinique médicale, jusqu'alors simple collection de cas ou inventaire de faits pathologiques, apparaît comme une nouvelle discipline dans laquelle les rapports entre le regard, le savoir et le discours s'établissent différemment, permettant l'abandon d'anciens systèmes de pensée. Mais cette mutation n'est pas uniquement liée à l'accumulation des connaissances : « Pour que l'expérience clinique fût possible comme forme de connaissance, il a fallu toute une réorganisation du champ hospitalier, une définition nouvelle du statut du malade dans la société et l'instauration d'un certain rapport entre l'assistance et l'expérience, le secours et le savoir ; on a dû envelopper le malade dans un espace collectif et homogène. Il a fallu aussi ouvrir le langage à tout un domaine nouveau : celui d'une corrélation perpétuelle et objectivement fondée du visible et de l'énonçable » (Foucault, 1972, p. 200). La méthode clinique est donc une révolution dans la manière d'envisager la maladie, de la reconnaître et de la traiter.

L'essor de la psychiatrie clinique au XIXe siècle a contribué à la constitution de la psychologie clinique. D'un côté, les courants de pensée (les « idéologues » comme Condorcet, Cabanis ou Pinel) sous-jacents à l'évolution de la psychiatrie clinique, certains auteurs comme Pinel, Tuke, Rush ont, par leur humanisme et leur volonté d'interprétation psychologique de la folie, constitué un terrain favorable. L'apparition de l'individualité comme objet scientifique, la nécessité de décrire et d'ordonner les faits avant de les expliquer, l'effacement des grands systèmes dogmatiques devant les réalités cliniques constituent le terreau d'une psychologie clinique. D'un autre côté, des psychiatres ont appelé de leurs vœux la production ou l'utilisation de connaissances psychologiques dans la compréhension de la maladie mentale. Kraepelin espérait une psychologie appliquée à la situation clinique de la psychiatrie. Il souhaitait que l'étude de cas sérieuse et consciencieuse prenne la place des affirmations spiritualistes, de l'improuvable et du non documentable, défendant la collection de faits, la mesure et le calcul, sur la production de théories hypothétiques et invérifiables.

1.2 Les fondateurs

Il faut distinguer les premières utilisations du terme, qui furent sans conséquences pratiques, des positions épistémologiques qui, sous d'autres appellations, ont contribué à forger le corpus théorique, pratique, technique de la psychologie clinique, et l'avènement réel de la discipline. Trois auteurs sont ainsi considérés comme les fondateurs, même si leur action n'a eu que peu de suite immédiate (Witmer) ou s'ils ont peu employé le terme lui-même (Freud et Janet).

Lightner Witmer (1867-1956) fonde en 1896 aux USA la première *Psychological Clinic* dans laquelle il soigne des enfants handicapés mentaux ; il présente sa nouvelle discipline à l'*American Psychological*

Association (APA) en employant les termes « psychologie clinique » et « méthode clinique ». Toutefois, son action n'a connu qu'un faible retentissement ; c'est seulement en 1919 que l'APA ouvre une section clinique, les psychologues cliniciens ayant pour tâche l'étude des cas individuels, la contribution au diagnostic, la réalisation de bilans, les thérapies individuelles ou de groupe.

Pierre Janet (1851-1947) a parlé à plusieurs reprises de psychologie clinique et, en 1887, au début du tome II de *Névroses et idées fixes*, il mentionne ce terme pour la première fois, dans un sens proche de celui de psychologie médicale : elle est destinée aux médecins s'occupant de maladies mentales et édifiée par les philosophes (« psychophilosophie »). Il évoque encore le terme dans *De l'angoisse à l'extase* (1926) et annonce un recueil d'articles – qui ne parut jamais – dont le titre aurait été *Mélanges de psychologie clinique*. C'est l'ensemble de son œuvre qui constitue, sans qu'il revendique le terme, une succession de travaux de psychologie clinique dans la mesure où il tente de promouvoir une réflexion psychologique : critique de l'excès de rationalité, intérêt soutenu pour le particulier et pour les faits, recours à l'observation fine, savoir constitué à partir de l'étude exhaustive de cas (plusieurs de ses textes sont fondés sur l'étude approfondie de cas), critique des recherches en laboratoire qui isolent les variables.

Sigmund Freud (1856-1939) évoque le terme « psychologie clinique » dans une lettre à Fliess (30 janvier 1899) : « Maintenant, la connexion avec la psychologie telle qu'elle se présente dans les Études [sur l'Hystérie] sort du chaos ; j'aperçois les relations avec le conflit, avec la vie, tout ce que j'aimerais appeler psychologie clinique ». Il s'agit, comme chez Janet, d'une application des connaissances psychologiques aux données de l'expérience clinique. Le terme est absent de son œuvre et ce sont ses préoccupations, sa méthode et sa démarche qui peuvent être qualifiées de « psychologie clinique » : il représente un modèle à cause de sa référence à l'analyse des cas individuels dans la production des théories. Ce sont donc principalement le souci de compréhension des phénomènes psychologiques, la méthode, le recours à l'intelligibilité des conduites et la mise en évidence des particularités de la relation entre le sujet et l'observateur qui font de son œuvre une source d'inspiration.

On doit à Claude Prévost la découverte de la *Revue de psychologie clinique et thérapeutique* (publiée entre 1897 et 1901 par Hartenberg et Valentin, médecins à Saint-Anne). Les textes préfigurent ce que sera la psychologie clinique française. Contre une psychologie expérimentale considérée comme isolant les faits psychiques, comme une « mathématique de la psychologie », les auteurs proposent une psychologie clinique plus holistique, plus concrète, ne se limitant pas à la pathologie : « La psychologie clinique, au contraire, tout en puisant dans les recherches de laboratoire de précieux renseignements, observe la vie psychologique elle-même, considérée comme un tout concret et réel. Réunissant dans une vue d'ensemble les réactions naturelles et spontanées du sujet, en présence des excitations de tout genre, elle en constitue un tableau synthétique, à dominante variable, qui exprime son tempérament et porte la marque de son caractère. Par les influences combinées de l'hérédité et du milieu, elle poursuit le développement, normal et pathologique de la personnalité, la tâche n'est pas de schématiser mais d'individualiser » (*Revue de psychologie clinique et thérapeutique*, 1897, citée par Prévost, p. 24). Ce texte, inconnu de la plupart des auteurs, n'a sans doute pas eu d'influence sur l'histoire de la discipline.

1.3 La phase de constitution

Malgré l'existence d'activités de psychologie clinique (centres de guidance pour enfants, puis institutions pour adultes), accrues encore pendant la guerre (sélection, assistance psychologique…), malgré la formation de la section « psychologie clinique » de l'APA aux USA, le grand essor est postérieur à la seconde guerre mondiale. L'année 1947 marque un tournant décisif dans la reconnaissance de la psychologie clinique puisqu'une commission de l'APA réunie afin d'examiner les programmes de formation et de recherche en psychologie clinique propose une série de recommandations pour cet enseignement : une année de stage, des enseignements de psychologie générale, de psychologie dynamique du comportement, de méthodes de diagnostic, de méthodes de recherche, de thérapie. La conférence de Boulder (1949) propose le modèle du *scientist-pratictioner* impliquant qu'il doit se référer à un savoir scientifique qui valide son approche, ses outils et ses conceptions, mais qu'il doit enrichir et contribuer à renouveler. L'évolution de la psychologie clinique aux USA suit cette voie, son essor étant dû autant aux projets de la société pour l'assistance aux malades mentaux qu'aux capacités des psychologues à différencier leurs approches et à créer de nouvelles spécialisations.

a) La spécificité française

En France, la psychologie clinique possède quelques particularités qui tiennent à son histoire. Bien que l'institution médicale ait difficilement et lentement accepté que le terme « clinique » et la pratique du même nom (qu'elle estimait de son domaine exclusif), puissent constituer aussi un des domaines de la psychologie, les remaniements de la psychiatrie et de la médecine somatique ont contribué à l'essor de la psychologie clinique. En effet, les transformations de la psychiatrie après 1945 ont fait apparaître des besoins dans le domaine de l'observation clinique, de l'analyse institutionnelle, de l'évaluation, de l'analyse psychopathologique, des psychothérapies, etc. Dans ce contexte ont été formées les premières générations de psychologues cliniciens.

L'édification d'une théorie de la psychologie clinique a d'abord été l'œuvre de **Daniel Lagache** (1903-1972), philosophe, psychiatre et psychanalyste qui s'est très tôt intéressé aux problèmes psychopathologiques. Sa triple formation, sa grande culture, sont perceptibles dans les fondements qu'il donne à la psychologie clinique : références à la phénoménologie (étude de l'homme « en situation »), à l'humanisme, aux conceptions de Jaspers (différence entre « expliquer » et « comprendre »). Il distingue trois approches (clinique, psychanalytique et expérimentale) en psychologie, mais il fait bien une différence entre psychologie clinique et psychanalyse. La psychologie clinique est une discipline autonome tant comme pratique que comme théorie ; elle ne se confond ni avec la psychopathologie, ni avec la psychologie médicale, ni avec la psychiatrie, ni avec la psychométrie.

Les conceptions fondatrices de Lagache formulent ce que pourrait être l'activité concrète : le but de la psychologie clinique est de conseiller, de guérir, ou d'éduquer. Elle est fondée sur l'étude aussi détaillée que possible des cas, c'est-à-dire des phénomènes singuliers. Elle a pour objet premier les conduites humaines qui ne sont pas directement du ressort de la psychiatrie mais qui correspondent à des dysfonctionnements, aux effets des conflits puis, par extension, à tous les secteurs de la conduite humaine, qu'elle soit adaptée ou inadaptée. S'appuyant sur la psychanalyse, il avance que les symptômes expriment quelque chose et sont dotés de signification, c'est-à-dire d'intelligibilité. La méthode clinique est conçue comme le recueil de faits par observation, entretien et analyse des productions du sujet et vise à comprendre la conduite dans sa perspective propre, à relever aussi fidèlement que possible les manières d'être et de réagir d'un être humain concret aux prises avec une situation. Le diagnostic joue un rôle important « non seulement à l'étape initiale, mais à tous les moments de la pratique psychologique, l'opération fondamentale de la psychologie clinique est le diagnostic. L'étude approfondie des cas individuels fournit la base empirique d'une généralisation, c'est-à-dire d'une connaissance scientifique » (Lagache 1949a, p. 160). Elle a donc pour objet général « l'étude de la conduite humaine individuelle et de ses conditions (hérédité, maturation, conditions physiologiques et pathologiques, histoire de la vie), en un mot, l'étude de la personne totale “en situation” » (*ibid.*).

Il considérait aussi que l'examen clinique devait permettre d'établir comment la situation était vécue par le sujet. En posant des questions le clinicien essaie de savoir quelles représentations le sujet se fait de lui-même et des autres, de sa place dans le monde et du sens de la vie. Il citait l'exemple du jeune délinquant « à propos duquel il est capital de déterminer l'attitude qu'il adopte par rapport à son délit : le considère-t-il comme banal ou grave ? S'avoue-t-il coupable du bout des lèvres ou du fond du cœur ? Ne se considère-t-il pas plutôt comme innocent et brimé ? »

La perspective de Lagache est d'autant plus intéressante qu'on y voit déjà les principales caractéristiques de la psychologie clinique actuelle. Elle est une psychologie appliquée et concrète : pratique appuyée sur une méthode (clinique) visant un objet (l'homme en conflit) et procédant essentiellement par analyse de cas, elle permet la constitution d'un savoir par généralisation à partir des cas singuliers. Naturellement, cette position qui fait découler la connaissance scientifique de la démarche des praticiens ou de l'utilisation de la méthode clinique dans un autre cadre (recherche), a suscité des critiques : absence de scientificité, insuffisances dans l'administration de la preuve, absence de prédiction des phénomènes. Si, sur ces trois plans, Lagache admet la relative infériorité de la psychologie clinique sur la psychologie expérimentale, il soutient que « quelle que soit l'imperfection théorique et logique de la psychologie clinique, elle apparaît comme le mode d'approche le plus adapté aux conduites humaines concrètes c'est-à-dire à un ordre de faits psychologiques à la fois très étendu et primordial » (Lagache 1949b, p. 52). Faire admettre la pratique clinique en psychologie et rompre avec un objectivisme atomisant les faits, comme celui de la psychométrie ou de l'expérimentation, tel est le vœu de Lagache initiateur d'une pratique et d'une discipline.

Les travaux de Juliette **Favez-Boutonier,** elle aussi philosophe, médecin et psychanalyste, complètent ceux de Daniel Lagache. Elle développe une conception fondée sur la spécificité de l'individu et son unicité : « l'être humain en tant qu'il existe et se sent exister comme un être unique ayant une histoire personnelle, vivant dans une situation qui ne peut être assimilée à aucune autre » (Favez-Boutonier 1968). En 1958-1959 elle développe les aspects de la psychologie clinique : distinction avec la psychologie médicale et avec la psychanalyse, rapports étroits avec la phénoménologie (notamment Merleau-Ponty), description rigoureuse de la subjectivité et des références à la dimension « vécue » de l'expérience, étude de l'individu sans comparatisme, critique de la prédominance du diagnostic au profit de l'observation continue.

Son œuvre représente un moment charnière en opérant une systématisation et une ouverture de la discipline. Elle prend distance avec le modèle médical, s'oriente vers la question de l'intersubjectivité, et s'étend vers d'autres domaines (orientation, petits groupes, éducation...) moins marqués par la pathologie, ce qui ouvre la voie à une psychologie clinique « généraliste » ou à une « psychologie générale clinique ». Par ailleurs, elle a participé à la reconnaissance de la discipline à l'Université.

b) Évolution

Dans la pratique, la psychologie clinique des années soixante-dix se diversifie en s'orientant de plus en plus vers les lieux moins psychiatriques, vers les différentes formes de souffrances ou du handicap. L'opposition entre psychologie clinique et psychologie expérimentale demeure à l'Université, soulignant la disparité des deux psychologies que Lagache avait souhaité voir unies. Mais, dans le même mouvement, les rapports entre psychologie clinique et psychanalyse deviennent de plus en plus étroits ; parmi les enseignants de psychologie clinique les psychanalystes sont nombreux, les débats des institutions analytiques retentissent sur l'Université, mais surtout, certains analystes, au nom de la psychanalyse posée en discours de vérité, remettent en cause le projet, parfois l'existence ou la légitimité de la psychologie clinique, ce qui amènera Prévost à dire d'elle : « En conflit aigu et exprimé, au départ, avec la médecine d'un côté, la psychologie expérimentale de l'autre, elle a cru pouvoir trouver son salut en se rapprochant – à tort ou à raison – de la psychanalyse, voire en se jetant dans ses bras, plus encore en lui fournissant un alibi universitaire. Mais dès lors, elle ne pouvait qu'être ébranlée par les conflits qui ont secoué la psychanalyse française, de 1963 à 1981, du fait entre autres de la raison de la présence en son sein de Lacan et des lacaniens ; la possibilité que le terme de psychologie fût utilisé dans ce secteur, autrement que comme parade essentiellement administrative, impliquait que si l'on ne discutait guère l'emploi de l'adjectif clinique, qualifiant méthode, approche, ou procédé, la psychologie clinique, comme discipline scientifique "substantielle", faisait rire les uns et rougir de honte les autres » (Prévost, 1990, p. 5).

Si la psychologie clinique se développait en grande partie en référence à la psychanalyse, en laissant parfois de côté la réflexion sur les techniques, sur la spécificité de ses interventions, mais aussi sur son efficacité dans le traitement et sur la validité des connaissances produites, les autres disciplines de la psychologie continuaient leur évolution d'une manière très différente : recherche de critères de validité des hypothèses, modélisation, articulation avec les travaux internationaux, sensibilité à de nouveaux modèles théoriques comme le cognitivisme, etc. Dans le domaine de la formation des praticiens, d'autres diplômes voyaient le jour, rompant le monopole des cliniciens et formant des étudiants pour intervenir sur les domaines de l'enfance, de l'adolescence, des inadaptations, de la maladie… Mais, assez vite, ces diplômés rencontrent les mêmes difficultés que les cliniciens : le sujet ne se laisse pas réduire à son symptôme, et son histoire, sa demande, sa subjectivité représentent le point nodal de la rencontre. D'autres paradigmes (cognitifs, développementaux…) apparaissent et des psychologues non cliniciens commencent à s'intéresser – en tant que chercheurs ou en tant que praticiens – à des objets traditionnellement du ressort de la psychologie clinique : phobie, dépression, autisme, troubles de la personnalité, maladie d'Alzheimer, thérapies… Une « psychologie clinique cognitive » est née, clinique par son objet et ses méthodes, mais différente d'une partie de la psychologie clinique qui reste liée à la psychanalyse et à la pratique de l'étude de cas, à la subjectivité et au sens.

La situation de la psychologie clinique française est originale et ne correspond pas à l'évolution observée en Europe ou aux États-Unis où la notion de psychologie clinique désigne avant tout un *domaine d'intervention.* En France, en revanche, la psychologie clinique se définit par une démarche (prise en compte de la singularité et de la totalité de la situation), une méthode (étude de cas et observation non standardisée) et un domaine d'application. Il existe donc deux types de psychologie clinique, ou deux versants de la discipline ; le premier, dominant en France, se réfère à la psychanalyse, à sa pratique et à ses concepts, en privilégiant la singularité, le second est l'héritier de Janet, de Wallon, des Anglo-Saxons et insiste sur la rigueur méthodologique, sur les techniques d'évaluation et d'objectivation sans pour autant abandonner la référence à la singularité et à la relation.

2. Définition opératoire de la psychologie clinique

Sous le terme « psychologie clinique » se glissent plusieurs sens : domaine, méthode, savoir. Au-delà de ces différences, elle présente la particularité d'être à la fois une activité pratique et un ensemble de connaissances, dualité qui n'est pas sans conséquences. Contrairement à d'autres disciplines, elle ne consiste ni en la stricte application d'une théorie dans une activité pratique, ni en l'édification d'un ensemble de connaissances uniquement à partir de l'expérimentation ou du raisonnement. Selon la manière dont on la conçoit (méthode ou domaine), on peut limiter ou étendre sa définition. Si l'on admet que la psychologie clinique est un domaine (celui de la souffrance) on exclut la « clinique du normal » et l'on intègre des travaux qui n'utilisent pas réellement la méthode clinique. Si l'on se fonde sur la méthode clinique (singularité, totalité, subjectivité, référence à l'étude de cas…) on risque de limiter le domaine d'intervention de la psychologie clinique. Force est donc d'admettre que la psychologie clinique repose sur une méthode respectant certains principes ou s'en inspirant lorsque c'est possible et développe un domaine très vaste (de la pathologie à la santé, du développement au social) dans lequel des techniques plus objectivantes peuvent être utilisées.

2.1 La psychologie clinique : domaine et/ou approche singulière ?

Anzieu formulait une définition large : « Elle est une psychologie individuelle et sociale, normale et pathologique ; elle concerne le nouveau-né, l'enfant, l'adolescent, le jeune adulte, l'homme mûr, l'être vieillissant et enfin mourant. Le psychologue clinicien remplit trois grandes fonctions : de diagnostic, de formation, d'expert apportant le point de vue du psychologue auprès d'autres spécialistes. Le psychologue clinicien reçoit aussi une formation de base nécessaire mais non suffisante pour devenir éventuellement psychothérapeute, à charge pour lui d'acquérir ailleurs la solide expérience psychanalytique requise, personnelle et technique. Une distinction, plus facile à établir sur le papier que dans la pratique, doit néanmoins être maintenue comme capitale : le psychologue clinicien a affaire à des "effets de transfert", qu'il doit savoir identifier ; seul le psychanalyste travaille sur la "névrose de transfert" » (Anzieu, 1983, p. 36).

La psychologie clinique doit être considérée d'une part comme une activité pratique et, d'autre part comme un ensemble de théories et de méthodes. Elle a d'abord été envisagée comme une application au domaine clinique de conceptions psychologiques générales, puis comme un corpus de connaissances autonome apportant des informations originales distinctes de celles produites par la méthode expérimentale. La psychologie clinique peut donc être définie comme la sous-discipline de la psychologie qui a pour objet l'étude, l'évaluation, le diagnostic, l'aide et le traitement de la souffrance psychique quelle que soit son origine (maladie mentale, dysfonctionnements, traumatismes, événements de vie, malaise intérieur...). Elle se fonde sur des méthodes cliniques parmi lesquelles l'étude de cas, l'observation des comportements et l'analyse des discours, sans recours à l'expérimentation (reproduction contrôlée des comportements). Le terme psychologie clinique désigne donc à la fois un type de pratique et un corpus de connaissances validées issues de cette pratique ; une partie de ces connaissances, établies par la méthode clinique, ne concerne pas seulement la souffrance mais aussi la psychologie générale.

La psychologie clinique est aussi une méthode, une approche particulière. C'est ce qui permet de la séparer d'une clinique qui serait, sur le plan psychologique, le pendant de la perspective médicale. Deux caractéristiques de cette approche sont incontournables : la singularité et la référence à la relation. La psychologie clinique a pour principe fondamental l'approche de l'individu dans sa subjectivité, dans la totalité des situations vécues et verbalisées. Mais, dans la pratique, le recueil de ce matériel tient compte aussi de la relation intersubjective entre le sujet et le psychologue. En effet, une part des interrogations, de la compréhension, du psychologue provient de ce que le sujet construit avec lui et de l'impact que cette construction a sur lui. C'est donc aussi avec son contre-transfert, son ressenti, ses éprouvés subjectifs que travaille concrètement le psychologue clinicien. Mais, ici encore, cette situation idéale n'est pas toujours possible, raison pour laquelle nous l'avons qualifiée de « principe ». Il arrive au psychologue clinicien de devoir rester descriptif, centré sur les faits, les résultats, la symptomatologie, les données brutes, faute de temps, d'investissement du patient, ou pour des raisons institutionnelles. Il n'en reste pas moins guidé par ce souci de la singularité, de la subjectivité, du sens et il ne considère pas les résultats obtenus, fragmentés, comme des données irrécusables, dernières, suffisantes. S'il ne se fixait comme objectif que l'inventaire de difficultés ou de symptômes psychologiques isolés les uns des autres, sans référence à la personne, à son histoire, au sens donné, il serait sur une position inspirée de la médecine que, précisément, le projet de la psychologie clinique visait à dépasser. Il serait pour le moins grotesque de répéter – en nettement moins rigoureux et efficace – la réduction et désubjectivation, la surdité à la dimension subjective du malade que promeut la médecine.

À l'autre extrême, certaines définitions qui restreignent la clinique à des méthodes non objectivantes présentent quelques difficultés. En excluant les procédures comme les tests, les échelles d'évaluation, les questionnaires, elles réduisent abusivement les possibilités de recueil du matériel et la richesse des informations pour se limiter à ce qui risque de devenir l'« ineffable de la clinique », c'est-à-dire l'informulable de la relation entre deux sujets. Si la psychologie clinique tend vers la totalité, elle ne peut laisser de côté les sources d'informations qui permettent de diversifier les données, et ce, d'autant plus que l'on s'intéresse à la souffrance dont on sait combien elle est difficile à exprimer pour le sujet, et difficile à reconnaître pour le psychologue. Lagache proposait d'ailleurs l'emploi de techniques en affirmant qu'il ne saurait y avoir d'usage exclusif de l'observation mais un recours à des techniques complémentaires. Aussi, une psychologie clinique qui se contenterait de travailler à partir d'études de cas, sans recours à d'autres informations, en imaginant que la rigueur et la validité dépendent seulement de la prise en compte de l'implication du clinicien, serait-elle aussi restrictive qu'une psychologie clinique se réduisant à la psychométrie et au diagnostic d'un trouble grâce à des échelles ou des tests fallacieusement inspirés de la notion d'« examens complémentaires » en médecine.

2.2 Psychologie clinique et psychopathologie

Les termes psychologie « clinique » et « psychopathologie » sont parfois utilisés comme des synonymes, parfois distingués radicalement. Ebbinghaus (1878) aurait été le premier à employer « psychopathologie » comme synonyme de « psychiatrie clinique ». Jaspers (1883-1969) publie sa *Psychopathologie générale* en 1913 et en donne une définition qui met l'accent sur l'analyse psychologique des phénomènes pathologiques. Grâce à la psychanalyse et à la phénoménologie, l'intérêt se déplace vers la compréhension des processus psychologiques impliqués dans les maladies mentales. Si la psychopathologie tente toujours une explication ou une interprétation des faits pathologiques, elle se réfère à des conceptions théoriques différentes (phénoménologie, associationnisme, psychanalyse, etc.), mais à la suite de Minkowski, on distingue deux acceptions dans le terme : la pathologie du psychologique et la psychologie du pathologique.

La « *pathologie du psychologique* » est l'acception la plus courante et la plus classiquement admise. Elle suppose l'existence d'une pathologie mentale dont on décrit et interprète les aspects psychologiques : la psychopathologie de l'enfant est à la fois l'ensemble des difficultés (pathologie) psychiques de l'enfant et les tentatives d'interprétation psychologique. Ici, « psychologique » désigne le lieu de la pathologie (c'est dans le psychisme que se situe le problème : il s'agit donc des troubles à manifestations ou à origine psychologiques). « Psychopathologie » spécifie alors un domaine qu'on pourrait confondre avec la pathologie mentale, telle que la découpe la psychiatrie. Mais cette conception se double d'une activité de discours (*logos*) qui utilise une théorie générale psychologique pour rendre compte des faits décrits par la psychiatrie clinique. Dans ce contexte, « psychopathologie » désigne donc aussi le savoir qui permet de comprendre la pathologie. Le chapitre « psychopathologie » des manuels de psychiatrie reprend les différentes théories explicatives de la maladie considérée.

La notion de « *psychologie du pathologique* » désigne l'analyse psychologique du fait pathologique (ou de la dimension psychologique du fait pathologique). Minkowski soulignait que la pathologie faisait ainsi l'objet d'une investigation psychologique susceptible de l'éclairer. Il s'agissait donc de comprendre, ce qui suppose deux démarches : démarche *clinique* visant à saisir l'expérience du patient en se rapprochant le plus possible de son vécu et de la relation établie avec lui, démarche *théorique* cherchant à repérer le plus petit nombre d'altérations originaires et irréductibles et dont découlent toutes les autres perturbations. Parler de « pathologie » n'est pas la réduire à la maladie mentale, elle peut désigner toutes les situations de souffrance, quelle que puisse en être l'origine : le deuil n'est pas une maladie mais il comporte une souffrance, faire une psychopathologie du deuil consiste à analyser cliniquement les mécanismes de cette souffrance. Les limites de cette conception – qui élargit le champ de la psychopathologie hors de la psychiatrie – résident dans la notion de souffrance et dans son rapport avec l'anormalité.

1. Il y a des sujets qui ne souffrent pas, mais dont le comportement provient d'une atteinte « pathologique ». Certains tableaux neurologiques (anosognosie : perte de la capacité à se reconnaître malade) montrent qu'une atteinte peut ne pas être ressentie comme telle. Le critère de la souffrance exprimée par le patient n'est donc pas suffisant, on doit aussi se fonder sur l'existence objective d'une pathologie.

2. Des sujets ne souffrent pas, n'ont pas de lésion, mais présentent des comportements dits *anormaux* (en dehors de la norme, dont on sait qu'elle

est fluctuante). Les pervers par exemple, contrairement aux névrosés, ne souffrent pas de leurs désirs mais sont considérés comme anormaux. Pourtant on imagine mal une psychopathologie qui ne fournirait pas une analyse de la perversion.

Le champ de la *psychopathologie* (en tant que discours théorique) est beaucoup plus large que celui de la *pathologie mentale*. Son objet est la pathologie mentale avérée, les effets de toutes pathologies, la souffrance exprimée, la souffrance inexprimable *via* diverses médiations (humeur, cognitions et conduites), et certains comportements « anormaux » pour lesquels la légitimité de sa réflexion peut poser des questions éthiques. La psychopathologie n'est pas l'étude des causes psychologiques d'une maladie (mentale ou somatique). Elle tente au contraire de dégager l'objet psychologique dans des situations qui sont de tous ordres de causalité. L'étude psychopathologique de la démence ne veut pas dire qu'elle est liée à une cause psychologique, mais que, dans la démence, il y a aussi un sujet dément dont il faut reconstituer les mécanismes psychologiques et le monde intérieur.

• *Thèse 1 : Distinction entre psychologie clinique et psychopathologie*

Bon nombre d'auteurs s'intéressant à la psychologie clinique différencient celle-ci de la psychopathologie. Une première position réduit la psychopathologie à l'étude des maladies mentales, voire à une spécialité psychiatrique. Mais implicitement, elle admet que la psychologie clinique, en tant que discipline théorique, peut s'intéresser, de manière concurrente ou complémentaire, au même domaine que la psychopathologie avec ses instruments, ses méthodes et ses théories. Une seconde position estime que la psychologie clinique s'intéresse aux difficultés moins sévères que la maladie mentale ; la longue tradition française de domination de la psychopathologie par la médecine explique peut-être la position des fondateurs (Lagache, Favez-Boutonier) qui voulaient définir une spécificité de la psychologie clinique, et avaient aussi le souci d'étudier des situations de souffrance jusqu'alors délaissées. Chez Lagache, la psychologie clinique apparaît dans certains textes comme une extension de la psychopathologie alors que dans d'autres elle est plutôt du côté des inadaptations que des troubles graves, ce qui en fait une sorte de psychopathologie clinique des troubles mineurs. Une troisième position consiste à séparer la psychopathologie et la psychologie clinique sur la base d'une différence de nature : la psychopathologie est un *domaine*, la psychologie clinique est une *méthode* ou une *démarche*. Il pourrait ainsi exister une « psychopathologie clinique » et une « psychopathologie fondamentale », une psychologie clinique appliquée à la pathologie et une psychologie clinique appliquée à d'autres domaines (groupes, communications, développement, normalité…). Mais il paraît peu soutenable de considérer que le psychologue clinicien praticien n'a pas compétence pour intervenir auprès de malades mentaux gravement atteints. Il existe donc un recouvrement partiel entre domaines clinique et psychopathologique. Les distinguer sur cette base n'est pas pertinent, à moins de considérer – ce qui est hautement contestable – que la psychopathologie appartient à la médecine.

• *Thèse 2 : La psychopathologie fait partie de la psychologie clinique*

Il y a peu de différences de structure entre la psychopathologie, telle que nous l'avons définie, et une grande partie de la psychologie clinique. Une définition de la psychopathologie par Lagache est d'ailleurs éclairante puisqu'elle utilise des termes qu'il applique à d'autres moments à la psychologie clinique : « La psychopathologie met en œuvre toutes les méthodes psychologiques possibles, et elle les applique à des hommes vivants, pour lesquels les plus grandes réalités humaines, la vie et la mort, la santé et la maladie, la liberté et la détention, l'amour et le travail, sont en jeu. Par là elle est une inégalable école de psychologie concrète et vivante » (Lagache, 1938, p. 267). Si une partie de la psychopathologie a été – et est toujours – liée à la psychiatrie ou à la psychanalyse, il existe aussi une psychopathologie psychologique (ou psychologie pathologique) et on imaginerait mal que la psychologie clinique abandonne tout intérêt pour la pathologie mentale « sévère » qui sous-tend une part des connaissances auxquelles elle se réfère.

Dans ce cadre, l'exclusion de la psychopathologie hors de la psychologie clinique apparaît plus comme une fuite devant la pathologie ou une défense de secteurs (« protectionnisme théorique ») dont on estimerait à tort qu'ils sont exclusivement du registre de la psychiatrie. La psychopathologie est une partie de la psychologie clinique ou, plus précisément, psychologie clinique et psychopathologie sont en intersection : une grande part de la psychologie clinique est composée par la psychopathologie, une grande partie de la psychopathologie peut être considérée comme de la psychologie clinique. Mais les deux disciplines ne peuvent être entièrement confondues, la psychologie clinique s'intéressant aussi à des conduites non pathologiques, la psychopathologie pouvant être aussi psychanalytique, phénoménologique, etc.

2.3 Psychologie clinique et psychanalyse

Les rapports entre la psychologie clinique et la psychanalyse font l'objet de débats passionnés. Chacun s'accorde à reconnaître que la psychanalyse et la psychologie clinique sont deux disciplines distinctes. La psychanalyse se partageant en plusieurs écoles aux positions différentes quant à la psychologie et à la scientificité, le débat en est d'autant plus exacerbé. Cette relation a une histoire qui remonte aux fondateurs dont la qualité d'analyste a retenti sur leurs conceptions de la psychologie clinique. Non pas qu'ils aient confondu les deux, bien au contraire, mais la référence à la psychanalyse, présente dans leurs conceptualisations, a ouvert une voie de réflexion utilisant le modèle psychanalytique.

Comme le rappelle Anzieu, « la psychanalyse est venue à point pour rendre service à la psychologie sur deux plans, celui d'une caution théorique et celui d'un exemple, sinon d'un modèle, de pratique. En retour, la psychologie a servi de véhicule à la propagation de la psychanalyse dans un pays longtemps indifférent ou réticent à son égard » (Anzieu, 1979, p. 59). Cet échange, institutionnel et politique, s'est doublé de transpositions de concepts et de problématiques, provenant souvent de la psychanalyse, mais la psychologie clinique a aussi permis à des analystes de s'intéresser à des objets étudiés par des psychologues cliniciens : interactions précoces, difficultés scolaires, psychologie des groupes, etc. Cette relation étroite a beaucoup contribué au jugement négatif porté par les psychologues des autres sous-disciplines ou bien d'autres pays, ce qu'exprime abruptement W. Huber : « Il reste donc à souhaiter que la psychologie clinique française se libère de sa fixation sur la psychanalyse, sorte de ses querelles locales et retrouve le dialogue avec la communauté scientifique internationale ». En note, il précise que « ce qui fait problème n'est pas la référence à la psychanalyse, mais une conception de la psychanalyse qui la coupe de la recherche empirique et de la communauté scientifique internationale » (Huber, 1993, p. 11). À suivre…

a) La psychanalyse : une source d'inspiration ?

Pour Freud, psychanalyse « est le nom 1) d'un procédé pour l'investigation de processus psychiques, qui sont à peine accessibles autrement ; 2) d'une méthode de traitement des troubles névrotiques, qui se fonde sur cette investigation ; 3) d'une série de vues psychologiques, acquises par cette voie, qui croissent progressivement pour se rejoindre en une discipline scientifique nouvelle » (Freud, 1923, p. 52). La psychanalyse offre donc un intérêt en tant que méthode, thérapeutique et doctrine, produisant une théorie explicative des troubles mentaux, mais aussi une théorie générale du psychisme (métapsychologie). Que ce soit pour des raisons historiques (rôle des psychanalystes dans la psychologie clinique) ou épistémologiques (intérêt des concepts, des théories et des pratiques psychanalytiques), la psychanalyse a constitué une source d'inspiration – parfois même un modèle – pour la psychologie clinique. Ainsi Lagache affirme-t-il en 1956 que la psychanalyse « a apporté une psychologie concrète de la personne et de la conduite. Son influence s'est fait sentir jusque dans les techniques, par exemple avec le développement exubérant de la psychologie projective. Mais sa portée a été plus profonde ; au risque de heurter une fois de plus les psychologues intransigeants, nous voyons dans la psychanalyse la discipline pilote de l'anthropologie moderne, en ce sens qu'elle a été la première à mettre en évidence, d'une manière concrète et détaillée, l'interdépendance de l'observateur et des phénomènes observés » (Lagache, 1956, p. 293).

La psychologie clinique française doit donc beaucoup de ses positions à la psychanalyse, même si elle s'en démarque. Mais faire de la psychanalyse le seul garant théorique de ses affirmations ou le seul ensemble conceptuel pertinent risquerait de laisser croire que la psychologie clinique n'est qu'une pratique sans théorie, se fondant sur la psychanalyse qu'elle trahit puisqu'elle escamote le transfert qui permet l'élaboration du savoir psychanalytique et sa validation.

b) La psychanalyse, critique de la psychologie clinique

Ces dernières années, certains psychanalystes ont tenté avec succès de distinguer la psychanalyse et la psychologie clinique, mais d'autres sont allés plus loin en faisant de la psychanalyse l'instance critique de la psychologie clinique. Les critiques nombreuses amènent questionnements et possibilités de réflexion essentiels au développement de la discipline. Il lui est reproché de manquer d'assises théoriques, voire de tenter de s'approprier le savoir de la psychanalyse, d'être un « travail sans amarres à la continuité historiale du sujet et limité à l'analyse des affects en situation » (Michaud, 1985), méconnaissant le transfert, de postuler un inconscient mais d'en rester à un travail au niveau du conscient, d'exclure le « trou » dans le savoir, le non-savoir, de laisser de côté le « sujet » au profit de l'« homme ». La célèbre phrase de Canguilhem (1956) « de bien des travaux de psychologie, on retire l'impression qu'ils mélangent une philosophie sans rigueur, une éthique sans exigence et une médecine sans contrôle », lui est appliquée pour dénoncer son manque de rigueur, cette même rigueur qui se situerait de toute évidence du côté de la psychanalyse. Prévost caricature ces critiques en montrant leur ambiguïté : « On pose le primat de la psychanalyse et son monopole sur certaines notions. On constate que la psychologie clinique les emprunte, mais faute d'amener avec elle tout le rationnel de l'analyse, elle aboutit à un non-sens théorique et pratique » (1991, p. 94). Or, l'exportation de concepts hors de la psychanalyse n'est pas impossible, la définition de ce qui est psychanalytique et de ce qui ne l'est pas est loin d'être claire, ce qui atténuerait – sans pour autant la faire disparaître – la critique. En effet, dès lors qu'on limite la psychanalyse à la question du transfert et à ce qui en découle, il apparaît non seulement qu'une partie de la psychanalyse est une « psychanalyse appliquée », mais encore que certains discours connus sous le nom de « psychanalyse » (comme l'analyse du cas Schreber) sont peut-être hors du champ psychanalytique au sens strict.

c) Psychanalyse et pratique de la psychologie clinique

Certains débats ont abouti à une aporie : la psychologie clinique ne peut exister en dehors de la psychanalyse, mais en tentant de s'en approcher, ou bien elle la trahit, ou bien elle se confond avec elle et disparaît. L'aporie se redouble lorsque l'on s'interroge sur les zones d'intervention concrètes des psychologues et des psychanalystes : la pratique analytique est loin d'être possible dans toutes les situations cliniques et le fait d'être analyste n'implique pas que ce soit la seule fonction remplie par l'individu analyste : qui parle ?

Les Journées d'études de l'ANREP d'avril 1983 sont exemplaires. L'intérêt de ce débat réside dans le fait que Françoise Dolto, en tant qu'analyste, avance une série d'arguments distinguant la pratique de la psychanalyse et de la psychologie clinique, mais justifiant la possibilité, voire la nécessité, d'une activité de psychologue clinicien, à côté de la pratique analytique, notamment en institution. Elle s'oppose ainsi à ceux qui incluaient la psychologie clinique dans la psychanalyse. Elle avance que le psychologue travaille dans la réalité alors que l'analyste s'en tient à la fantasmatique, elle soutient l'intérêt des tests et de la psychothérapie de soutien. Le métier de psychologue est défini comme une assistance à une personne en désarroi ou en danger, activité distincte de la psychanalyse mais qui n'en est pas l'antithèse puisqu'elle envisage même que le psychologue puisse avoir pour rôle la préparation d'une psychanalyse. L'intervention du psychologue peut donc constituer le préalable à une psychanalyse qui n'est pas conçue comme la seule réponse aux problèmes de souffrance, ce dont témoigne d'ailleurs l'expérience clinique. À une époque où une grande partie de la psychiatrie se désintéresse de la dimension psychopathologique et s'oriente vers des procédures d'objectivation liées à des théories biologiques, il demeure d'autant plus évident qu'entre médecine et psychanalyse, il reste un espace pour un travail clinique de psychologue. Mais à concevoir la psychanalyse comme le modèle, le psychologue clinicien risque de devoir changer d'identité professionnelle, laissant de côté une partie de son champ d'intervention.

d) Psychanalyse et théorie de la psychologie clinique

Les théories et les énoncés qui constituent la psychologie clinique sont – en France – pour une part dépendants de conceptions psychanalytiques. À l'Université c'est principalement dans les cours de psychologie clinique ou de psychopathologie qu'on se réfère à la psychanalyse, ce qui entretient une ambiguïté dénoncée par Anzieu : « Dans les faits, les étudiants de psychologie se trouvent pris dans une situation paradoxale. Ils sont amenés à se demander si la psychologie, une fois qu'elle a intégré l'inconscient (tel que le découvre la psychanalyse), est encore une psychologie. D'une part, on leur dit non seulement que suivre un enseignement de psychanalyse ne les qualifie pas pour fonctionner en psychanalyste, mais aussi que nul enseignement ne saurait avoir la moindre valeur propédeutique à une future pratique psychanalytique. D'autre part et en même temps, cet enseignement discrédite à leurs yeux la psychologie non seulement expérimentale mais sociale et même la psychologie clinique ordinaire, armée de tests et soucieuse de diagnostic. Ils ne peuvent plus être psychologues car ce serait méconnaître l'inconscient, mais on ne leur donne pas les moyens de reconnaître suffisamment celui-ci en eux, parce que ce n'est évidemment ni possible ni souhaitable dans le cadre de l'institution universitaire » (Anzieu, 1979, p. 74).

Cette situation paradoxale amène des critiques émanant tant de la psychanalyse que du reste de la psychologie. Mais il y a plus grave ; en voulant se démarquer d'une simple praxéologie, mais en se fondant avant tout sur un type de pratique (celle du psychologue clinicien) et en répétant sa méthode pour produire un savoir généralisable, la psychologie clinique a eu quelques difficultés à constituer ses propres connaissances. Comme les autres sciences empiriques (qui doivent produire des énoncés sur la réalité empirique, contrôler, valider ces énoncés et produire une explication des phénomènes), elle est parfois devenue une « science appliquée », c'est-à-dire une discipline appliquant dans sa démarche les concepts et les principes d'une autre discipline (la psychanalyse) dont le champ d'adéquation, l'expérience, les méthodes et les objets sont distincts des siens. Or les autres disciplines de la psychologie fonctionnent différemment, produisant un savoir scientifique qui peut ensuite être appliqué.

Cette « dépendance anaclitique » de la psychologie clinique française à la psychanalyse a été notée par la plupart des auteurs avec, schématiquement, l'ouverture de trois possibilités d'autonomisation de la discipline. La première voie consiste à ce que soit bien spécifié ce qui est du registre de la psychanalyse et ce qui est du registre de la psychologie clinique. La psychanalyse définirait l'objet de la psychologie clinique qui ne se confondrait cependant pas avec la psychanalyse.

Une seconde attitude consiste à se référer au corpus psychanalytique qui est utilisé, comme dans toute élaboration théorique, de manière à interpréter les phénomènes, à les rendre intelligibles, voire à en donner une explication. En psychopathologie clinique c'est là une attitude constante qui n'implique aucune dépendance théorique particulière ni aucune dissymétrie. La psychanalyse propose des conceptions des entités pathologiques qui correspondent à son expérience, ces « modèles » peuvent être tenus pour pertinents et heuristiques en dehors du cadre du transfert. Une partie de la psychologie clinique utilise ainsi les conceptions psychanalytiques pour ce qu'elles apportent sur un objet (maladie, processus ou développement). Mais il s'agit là de modèles « hypothétiques » dont, hors transfert, la validité ne peut être assurée, tant pour la psychologie que, d'ailleurs, pour la psychopathologie psychanalytique.

La troisième attitude, plus répandue dans les pays anglo-saxons qu'en France, consiste à abandonner toute référence à la psychanalyse, en fondant la psychologie clinique sur d'autres paradigmes considérés comme validés et permettant une meilleure appréciation des phénomènes. Cette position implique une forme d'éclectisme théorique (modèles intégratifs), mais si elle ne réfute pas la notion d'inconscient, elle en a une représentation qui ne fait pas appel à la notion de sexualité infantile et de refoulement. La question du sujet psychologique est cependant laissée de côté.

Au-delà des débats, controverses et polémiques, il apparaît des constantes. Si la psychologie clinique ne se confond pas avec la psychanalyse, elle peut lui être historiquement redevable de certaines de ses problématiques et de ses méthodes. La transposition d'un savoir ou de techniques psychanalytiques ne va toutefois pas sans difficultés tant du côté des psychanalystes que des psychologues. La psychanalyse apparaît comme un corpus de connaissances dont la validation repose sur le transfert mais qui, dans le cadre de la psychologie clinique, est utilisé comme un ensemble de lois permettant d'expliquer certains phénomènes. Cependant, en certaines occasions (observation des enfants, des conduites pathologiques ou des processus de communication), la psychologie clinique est en mesure d'apporter une réfutation ou une confirmation des affirmations psychanalytiques lorsque celles-ci portent sur des *faits* et non sur ce qui s'exprime dans le transfert.

2

LA MÉTHODE CLINIQUE ET SES OUTILS

La psychologie clinique se définit en référence soit au domaine clinique soit à la méthode clinique. La description des spécificités de cette dernière pose quelques problèmes selon le niveau d'expérience. En effet, par « méthode clinique » on peut entendre aussi bien l'ensemble des techniques utilisées dans le cadre de la pratique des cliniciens que la « démarche clinique » centrée sur l'individu, la singularité, la totalité et l'implication. En outre, la méthode clinique ne correspond pas exactement aux mêmes techniques s'il s'agit de recherche ou bien d'intervention pratique (diagnostic, évaluation, thérapie...).

1. La méthode clinique

Le terme « clinique » provient de la tradition médicale, mais les conceptions psychologiques ont opéré une rupture avec le sens originaire en s'inscrivant dans un projet totalement différent.

1.1 Clinique psychologique et clinique médicale

En médecine, le terme « clinique » (du grec *clinè*, lit) possède les significations suivantes : « 1) qui concerne l'enseignement de l'art médical donné auprès du lit du malade ; 2) qui peut être effectué ou constaté par le médecin, au lit du malade, sans le secours d'appareils ou de méthodes de laboratoire ; 3) sens figurés : a) enseignement de l'art médical donné auprès du lit du malade et ensemble de connaissances acquises de cette manière ; b) service hospitalier où se donne cet enseignement et local spécialement affecté à cet usage ». Le terme désigne une activité, un savoir et un lieu, ce que l'on retrouve aussi dans la définition de la psychologie clinique. La clinique médicale englobe la sémiologie, mais aussi la démarche qui va du recueil des signes à leur association en syndromes et à la découverte de la maladie. En d'autres termes, la clinique c'est le « primat du voir », du « nommer » et elle suppose le silence des théories : rappelons la formule de Charcot « la théorie ça n'empêche pas d'exister ».

La psychologie clinique se démarque de la médecine et de la psychiatrie de Kraepelin ; elle place la signification, l'implication et la totalité au centre de ses conceptions. Si elle retient de la médecine le contact avec le malade et le rôle de l'observation, elle s'en distingue car elle refuse de désubjectiver la situation, comme le fait la médecine. La reconnaissance de la maladie, d'un « tableau clinique », implique le relevé de signes, isolés, puis regroupés en tableau, alors que la psychologie clinique replace les éléments observés dans l'histoire du patient et dans sa singularité.

1.2 Principes de la méthode clinique

La « méthode clinique » est avant tout utilisée dans le domaine pratique de la psychologie. Sous le terme de « méthode clinique » (au singulier), on range un ensemble de techniques qui ont en commun de produire des informations concrètes sur la personne ou la situation posant un problème et/ou révélant l'existence d'une souffrance. Si la méthode clinique est destinée à répondre à des situations concrètes de sujets souffrants, elle ne peut que se centrer sur le cas, c'est-à-dire l'individualité. Le travail du psychologue a pour objet l'individu, et non pas les populations : la méthode clinique rapporte les faits observés à l'individu et s'organise autour de l'étude des cas.

La méthode clinique guide une activité pratique visant à la reconnaissance et à la nomination de certains états, aptitudes, comportements dans le but de proposer une thérapeutique (psychothérapie par exemple), une mesure d'ordre social ou éducatif ou une forme de conseil permettant une modification positive de l'individu. La méthode clinique vise donc à créer une situation, avec un degré faible de contrainte, en vue d'un recueil d'informations qu'elle souhaite le plus large et le moins artificiel possible en donnant au sujet des possibilités d'expression. La spécificité de cette méthode repose sur son refus d'isoler ces informations et sa tentative de les regrouper en les replaçant dans la dynamique individuelle comme le montre cet exemple.

> Un enfant de 10 ans est adressé au psychologue car il travaille mal en classe et se replie sur lui. Toutefois, le Quotient Intellectuel se situe au-dessus de la moyenne. Le travail du psychologue sera donc, une fois le bilan psychologique réalisé, de comprendre si l'attitude de l'enfant existe seulement à l'école et, dans ce cas, à analyser ce qu'elle représente pour lui, la signification qu'il donne à son attitude et la fonction que remplit son symptôme dans sa vie, dans son histoire, dans sa relation avec ses parents et avec l'école (les enseignants, les autres, la discipline, le savoir, les exigences, la nécessité de s'affirmer…). Cette compréhension passe par le recueil d'informations auprès des parents, par l'établissement d'une relation avec l'enfant (utilisant la parole, le jeu, le dessin…) et ouvre sur une proposition de thérapeutique.

a) Les différents aspects de la méthode clinique

La méthode clinique pourrait comporter deux niveaux complémentaires : le premier correspond au recours à des techniques (tests, échelles, entretiens…) de recueil *in vivo* des informations (en les isolant le moins possible de la situation « naturelle » dans laquelle elles sont recueillies et en respectant le contexte), alors que le second niveau se définit par l'étude approfondie et exhaustive du cas. Toutes les situations n'impliquent pas d'analyse détaillée d'un cas, pas plus que la progression des connaissances ne se fonde uniquement sur la méthode des cas (Doron, 2001) sans comparaisons ni généralisations. La différence entre le premier et le second niveau ne tient pas aux outils mais aux buts et aux résultats : le premier fournit des informations, le second vise à comprendre un sujet.

– Le premier niveau de la méthode clinique est représenté par l'ensemble des techniques utilisables en présence de l'individu concerné et qui visent à recueillir ses différentes expressions en limitant les contraintes qui pèsent sur le recueil. Une méthode clinique suppose donc la présence du sujet, son contact avec le psychologue, mais aussi la liberté d'organiser le matériel proposé comme il le souhaite, du moins pour certaines techniques. Ces techniques sont l'entretien, les tests, les échelles d'évaluation, le dessin, le jeu, l'analyse de textes écrits, l'observation, les informations pouvant faire l'objet de différents traitements (analyse de contenu, analyse « psychopathologique », etc.) permettant de faire apparaître les éléments saillants concernant l'individu ou le phénomène en question.

Lorsque ces méthodes s'appuient sur un matériel standardisé, lorsqu'elles visent une objectivation (tests, échelles, grilles d'observation...), on parle de « clinique armée ». Par opposition, la clinique « naturaliste » est parfois appelée « clinique à mains nues » (Chiland, 1983) ; mais pour certains auteurs le terme « clinique » ne peut s'appliquer qu'à l'écoute du discours. Les méthodes visent moins un résultat précis qu'un faisceau d'éléments dont les interrelations seront analysées. Elles se distinguent des protocoles précis et intangibles subordonnant la validité du résultat au suivi rigoureux de ce protocole (méthode expérimentale par exemple).

– Le second niveau de la méthode clinique est défini, comme le souligne Anzieu (1974), à partir de trois postulats : la dynamique, la genèse et la totalité. Tout être humain est en conflit tant avec le monde extérieur qu'avec les autres et avec lui-même, il doit donc chercher à résoudre ces conflits et se situe toujours en position d'équilibre fragile. Tout être humain est une totalité inachevée qui évolue en permanence et ses réactions s'éclairent à la lumière de l'histoire de sa vie. Dans ce cadre, les principes de la méthode clinique sont la singularité, la fidélité à l'observation, la recherche des significations et de l'origine (des actes, des conflits) ainsi que des modes de résolution des conflits. La référence à l'individualité et à la pluralité des fonctions était ainsi évoquée par Lagache qui estimait que la méthode clinique avait pour objectif d'« envisager la conduite dans sa perspective propre, relever aussi fidèlement que possible la manière d'être et d'agir d'un être humain concret et complet aux prises avec cette situation, chercher à en établir le sens, la structure et la genèse, déceler les conflits qui la motivent et les démarches qui tendent à résoudre ces conflits » (Lagache, 1949b, p. 31). Le projet est ambitieux et définit, au-delà d'une méthode, une position épistémologique et une conception anthropologique du sujet psychologique.

La pertinence pratique de cette conception en fait un modèle indépassable vers lequel devrait tendre tout travail clinique. Il est essentiel de ne pas se fixer sur certains symptômes en ignorant tout de leur contexte et de la manière dont le sujet les perçoit, mais il est toutefois possible de recueillir certaines informations sans s'engager dans une étude de cas exhaustive. Si le résultat à un test d'intelligence peut-être dépendant de la situation (rappelant l'école), du sens que le sujet lui donne (mise à l'épreuve de sa personne, jugement, sanction...), de la relation avec ce que représente le psychologue (double des parents, des enseignants ?), si l'enfant ne peut être défini à partir de ce seul critère (résultats aux tests), il reste que ceux-ci sont un bon indice de ses performances intellectuelles et qu'ils ne sauraient être rejetés sans risque. Une rééducation efficace suppose la prise en compte du résultat aux tests, des relations que le sujet établit avec ces difficultés, et de ses attentes. Mais le problème est sans doute plus épistémologique que méthodologique, dans la mesure où le niveau d'interprétation du cas que se fixait Lagache correspondait à une pratique de diagnostic et de prise en charge d'un individu. Les termes mêmes de la conception de Lagache – « sens », « structure », « genèse », « recherche de ce qui motive le conflit » – ne correspondent pas à toutes les activités de la psychologie clinique, qui s'attache à décrire les phénomènes et leurs modalités sans développer une théorie du sujet. Il n'est donc pas question d'abandonner les principes de Lagache pour se fermer à toute référence au sujet, mais la méthode clinique peut, en certaines occasions, se fonder sur des résultats d'épreuves pour faire apparaître les difficultés ou compétences de la personne.

b) Spécificité de la méthode clinique

La méthode clinique, qui a son origine dans la démarche médicale, s'est édifiée de manière autonome en tentant de sauvegarder à la fois la rigueur de l'approche et la restitution de l'individu, du malade. Elle permet au psychologue de parvenir à une évaluation du problème présenté par le sujet et de conduire une intervention efficace. Mais la « psychologie clinique », en tant que discipline, suppose la production d'un savoir, des activités de recherche, qui lui donnent un corpus de connaissances, un *logos* différent d'un ensemble d'informations empiriques tirées de l'expérience des praticiens. Est donc considérée comme clinique, la méthode qui vise à recueillir des informations fiables dans le domaine clinique (évaluation, diagnostic, traitement de la souffrance psychique) et qui réfère en dernière instance ces informations à la dimension subjective singulière. La méthode clinique s'appuie sur des techniques qui peuvent être utilisées tant dans la pratique que dans la recherche, certaines visant le recueil du matériel (entretien par exemple) alors que d'autres sont des outils de traitement de l'information recueillie (analyse de contenu par exemple). L'ensemble de ces techniques a pour objectif d'enrichir la connaissance d'un individu (activité pratique) ou des problèmes qui assaillent le sujet humain, leurs effets et leurs modes de résolution (production des théories).

2. L'entretien clinique

L'entretien clinique est le principal instrument dont dispose le psychologue, qu'il s'agisse d'évaluation ou de thérapie. À l'exception de quelques cas (enfants, sujets sans langage, etc.), la majeure partie des informations provient du discours dont la particularité est de faire exister les objets, les faits, les situations en dehors de leur présence concrète. Le sujet humain est un être de langage et la parole est déterminante dans sa constitution. La connaissance d'un sujet, l'établissement d'une relation passent donc en grande partie par la réalisation d'entretiens qui constituent la pièce essentielle du bilan psychologique. L'entretien est une partie qui se joue au moins à deux avec une position asymétrique entre le sujet et le psychologue. Le travail de celui-ci consiste non seulement à savoir recevoir et écouter le discours qui lui est tenu par le sujet, mais aussi à le susciter, le soutenir, et à permettre son développement. Si l'asymétrie entre les interlocuteurs tient à la position du clinicien (position liée à son statut, à sa formation et à sa mission institutionnelle), l'efficacité d'un entretien dépend du type de rencontre entre le psychologue et le sujet, rencontre qui répond aux qualités personnelles du psychologue, à son éthique mais aussi à ses compétences techniques.

2.1 But de l'entretien

L'entretien clinique est utilisé tant dans la pratique (diagnostique ou thérapeutique) que dans la recherche, mais sa forme et sa finalité ne sont pas les mêmes. Si l'on en croit le dictionnaire, l'entretien est l'action d'échanger des paroles avec une ou plusieurs personnes et il a pour synonymes conversation, discussion, entrevue, audience, conférence, dialogue..., termes renvoyant à l'existence de deux ou plusieurs personnes, d'un échange qui suppose une transmission symbolique (le langage) et des capacités de compréhension. Il existe en clinique deux types d'entretien que l'on peut opposer par leur but et par la demande du sujet. Le silence analytique ou le non-directivisme de Rogers ont servi d'inspiration à l'entretien thérapeutique alors que le questionnement de Janet, la méthode clinique de Piaget ou la pratique du bilan ont inspiré l'entretien à visée d'évaluation.

• *Deux finalités complémentaires*

Le modèle de la psychothérapie et celui du recueil d'informations précises semblent s'opposer. En identifiant l'entretien clinique à la situation psychothérapique, en le situant dans le cadre d'une relation de soin, on estime généralement que son but est de laisser parler l'autre, de lui permettre de parvenir à parler s'il a des difficultés à le faire (Chiland, 1983). Ce n'est qu'un aspect de l'entretien clinique puisque le travail du psychologue est aussi de réunir des éléments en vue de l'appréciation d'un problème, ce qui nécessite une technique de recueil respectant le sujet qui ne demande pas toujours à parler : une anamnèse n'est pas la simple écoute d'un sujet parlant de son passé. Dans ce type d'entretien à vocation diagnostique, la position des interlocuteurs est loin d'être symétrique, c'est le clinicien qui est responsable du cours de l'entretien qui doit aboutir à un diagnostic ou à une évaluation permettant une décision alors que l'entretien psychothérapique suit le fil du discours du sujet.

Toutefois, comme le disent Blanchet et Gotman à propos de l'entretien de recherche : « S'entretenir avec quelqu'un est, davantage encore que questionner, une expérience, un événement singulier, que l'on peut maîtriser, coder, standardiser, professionnaliser, gérer, refroidir à souhait, mais qui comporte toujours un certain nombre d'inconnues (et donc de risques) inhérentes au fait qu'il s'agit d'un processus interlocutoire, et non pas simplement d'un prélèvement d'informations » (1992, p. 22). L'entretien clinique a donc plusieurs buts : permettre de dire, écouter, s'informer, faire dire, mais aussi dire quelque chose au sujet. Il est producteur de faits de langage à partir desquels s'instaurent un échange, une reconstruction des faits réels, mais aussi une analyse des faits de discours (forme, construction des énoncés, mécanismes de défense, représentations prévalentes, place du sujet…). Par ailleurs, parler, Freud l'a souligné, possède une fonction libératrice (abréaction) qui confère à tout entretien un effet potentiellement thérapeutique, de même que le fait d'être amené à dire – même spontanément – des choses difficiles ne va pas sans déplaisir, ce qui invite à respecter des principes éthiques et ce d'autant plus que tout entretien pose la question de la demande (celle du sujet comme celle du psychologue).

L'entretien clinique est le meilleur moyen pour recueillir des informations sur la souffrance ou les difficultés du sujet. Ce discours apporte des informations sur ce à quoi il a été réellement ou imaginairement confronté mais aussi sur sa position à l'égard de ces faits ainsi que sur ce qu'il attend du psychologue et sur la place à laquelle il le met. Il apporte aussi des informations sur l'économie psychique, sur l'organisation de ses mécanismes de défense que l'on voit à l'œuvre dans le mot à mot de son discours (par exemple les dénégations) ou dans les scènes qu'il rapporte (par exemple les identifications) ou encore dans la manière dont il s'adresse au psychologue (les projections). Le discours est enfin le terrain sur lequel viennent se reconnaître les signes pathologiques, soit dans la plainte clairement énoncée (symptôme névrotique par exemple), soit au travers de ce qui est rapporté (idées délirantes par exemple), soit au travers de la construction, la forme ou la syntaxe du discours (troubles du cours de la pensée, aphasie, etc.), soit encore au travers de ce qui véhicule le discours (voix) ou ce qui l'accompagne (troubles de la prosodie des patients opératoires ou atteints de certaines lésions cérébrales, ralentissement dépressif…).

2.2 Conduite de l'entretien clinique

La conduite de l'entretien clinique répond à certains principes. Le psychologue se situe dans une position de « neutralité bienveillante », ce qui signifie que son avis ou ses propres jugements ne doivent pas intervenir dans l'entretien, que son attitude ne doit être ni rigide ni distante. Une telle exigence éthique l'oblige donc à se donner les moyens de prendre conscience de ses réactions à ce qui lui est dit et de contrôler ses manifestations émotionnelles. Par ailleurs, il doit reconnaître l'aménagement défensif du sujet et le respecter (Chiland, 1983), c'est-à-dire que son intervention ne doit pas avoir d'effets préjudiciables et que les difficultés qui pourraient naître de la rencontre doivent être anticipées. Il n'existe pas de clinique – donc pas d'entretien clinique – sans présupposés théoriques : le psychologue se réfère à des conceptions de l'entretien, mais aussi à des phénomènes psychologiques, voire à des fonctions et des finalités de la psychologie, qui orientent nécessairement son intervention. De même, ses réactions émotionnelles ne sont pas spontanément reconnues par lui-même et peuvent peser sur le déroulement de l'entretien. Or ces réactions sont liées à la fois à ce que dit le patient et à la position qu'occupe le psychologue. Être l'objet d'attentes, de demandes, d'idéalisation, de déplacement, d'agressivité de la part des patients, ne pas pouvoir répondre, être souvent impuissant devant les faits parfois dramatiques qu'évoque le sujet, n'est pas une position facile et le psychologue doit être capable de la soutenir et de promouvoir une intervention efficace, ce qui peut être rendu difficile par son inaptitude à tolérer les effets de la situation.

L'entretien dépend aussi du contexte dans lequel il est réalisé, qu'il s'agisse de l'environnement matériel et social, du type de relation entre le sujet et le psychologue et de la fonction que remplit ce dernier (écoute sur demande du sujet, évaluation d'un problème, expertise, accompagnement…). L'environnement social et matériel est défini par le cadre (lieu, places occupées par les interlocuteurs), les particularités de l'institution où se déroule l'entretien, les caractéristiques (âge, sexe, catégorie sociale, culture…) des interlocuteurs. Si, dans l'absolu, on considère que les processus inconscients et leur apparition ne sont pas tributaires de l'environnement, les possibilités de parole, la levée de certaines difficultés à parler, peuvent être partiellement dépendantes de la proximité culturelle, sociale, de l'identité d'âge ou de sexe entre le patient et le psychologue. On peut imaginer qu'une adolescente se sentira plus à l'aise avec une jeune psychologue qu'avec un psychologue âgé, mais il s'agit là d'une condition ni nécessaire ni suffisante ; ces conditions peuvent être facilitantes ou au contraire inhibitrices mais elles ne constituent pas une nécessité.

2.3 Les stratégies d'intervention

Au cours d'un entretien, que ce soit dans le cadre du travail thérapeutique ou d'une évaluation, le psychologue ne reste pas passif mais procède à plusieurs types d'interventions dont la finalité est de favoriser la production du discours et ses effets informatifs et modificateurs. Un discours peut être entendu de plusieurs manières et ne se résume pas à la transmission d'informations : parler, communiquer, est plus qu'informer. Aussi un discours doit-il être considéré comme une séquence verbale dans laquelle un sujet fournit à quelqu'un d'autre sa représentation et sa position à l'égard de faits. En termes plus rigoureux, le discours comporte une dimension *référentielle* (que dit le sujet des faits ?), une dimension *modale* (que dit-il de ce qu'il en pense ?), une dimension *illocutoire* (quel acte accomplit-il quand il me parle ?). Lorsqu'un patient dit : « je vous le dis une fois pour toutes mes parents me battaient mais je pense que ce n'était pas par méchanceté », on perçoit bien ces niveaux : « mes parents me battaient » est une information sur les faits, et appartient donc au registre référentiel, « je pense que » est du registre modal puisqu'il définit sa croyance, sa position à l'égard des faits, « je vous le dis une fois pour toutes » appartient au registre illocutoire en réalisant un acte du sujet par rapport à l'interlocuteur (qui, ici, devrait se le tenir pour dit et ne pas mettre en doute ce que pense le patient !). Mais un entretien est aussi une forme de conversation, ce qui peut impliquer une analyse en termes de pragmatique de la communication, c'est-à-dire d'interactions entre les deux participants. Dans une séquence simple où le patient dit : « j'en ai assez de venir vous parler », où le psychologue dit : « Ah ? » (interrogatif), où le sujet relance par : « vous m'empêchez de parler », on perçoit bien que la dernière phrase prononcée aurait pu être la première (énoncé principal qui ne pouvait être formulé comme tel) et que l'échange ne prend pas appui sur ce qu'a répondu le psychologue. La psychanalyse, par l'opposition entre le contenu manifeste et le contenu latent (du récit du rêve, du discours), a contribué à attirer l'attention des cliniciens sur les significations inconscientes du matériel verbal ainsi que sur le non-dit ; le clinicien travaille donc aussi bien avec ce que rapporte le discours qu'avec ses manques, ses contradictions, ses erreurs, ses lacunes, ses achoppements…

a) Les techniques d'intervention

Blanchet et Gotman (1992) signalent que, dans l'entretien de recherche (comme dans l'entretien clinique), les interventions peuvent porter tant sur le registre modal (la représentation, la position de celui qui parle) que sur le registre référentiel (les faits, les objets). Ils isolent trois types de techniques (question externe, contradiction et relance) qui possèdent chacune une forme modale et une forme référentielle. Ils ne retiennent toutefois comme pertinentes que les formes de relances qui s'inscrivent dans le déroulement des énoncés. Ils définissent trois types de relances (l'interrogation, la déclaration et la réitération) qui correspondent à six formes concrètes (selon qu'elles se situent sur le registre modal ou référentiel) : la *réitération* est la répétition par le psychologue du point de vue avancé par le sujet alors que, dans la *déclaration*, le psychologue fait connaître son propre point de vue. Les deux formes de réitération sont l'*écho* (répétition ou reformulation d'un ou de plusieurs énoncés référentiels) et le *reflet* (répétition ou reformulation avec un préfixe *modal* d'un ou plusieurs énoncés de l'interviewé : « vous pensez que… », « vous croyez que… »). Les deux formes de déclaration sont la *complémentation* (qui ajoute un élément d'identification de la référence à l'énoncé précédent sous forme de déductions partielles ou d'anticipations incertaines) et l'*interprétation* (qui suggère une attitude non explicitée par l'interviewé). Il existe deux types d'interrogation : l'*interrogation référentielle* (demande d'identification supplémentaire de la *référence*) et l'*interrogation modale* (demande d'identification de l'attitude propositionnelle de l'interviewé, par exemple : « qu'est-ce que vous en pensez ? »).

Un extrait d'entretien rapporté par Rogers montre la dynamique des échanges et des interventions. Le client a formulé le vœu de voir ses parents mourir : « c'est un peu comme si je voulais les voir disparaître, comme si je souhaitais qu'ils n'aient jamais existé… Et j'ai tellement honte parce que lorsqu'ils m'appellent, hop ! j'y vais. Leur présence est encore si forte […] il y a quelque chose de viscéral. Je peux presque le sentir à l'intérieur de moi » (il se met à gesticuler, se prenant le nombril). *Le thérapeute* : « Ils vous tiennent vraiment par le cordon ombilical. » *Le client* : « C'est drôle, cette sensation précise. C'est comme une sensation de brûlure plus ou moins, et quand ils me disent quelque chose qui me rend anxieux, je le sens juste ici (il montre l'endroit). Je n'y avais jamais pensé tout à fait comme ça ». *Le thérapeute* : « Tout se passe comme si chaque fois que vos relations avec eux sont troublées vous avez exactement l'impression d'une tension sur l'ombilic ». *Le client* : « Oui, c'est comme ça dans mes boyaux ici, c'est si dur à définir la sensation que j'éprouve là ». On notera les reformulations (nomination, rapprochement, interprétation) du thérapeute.

b) Les effets des relances

Ces interventions ont des effets différents. Blanchet et Gotman estiment que les interrogations peuvent avoir un effet perturbateur notamment sur le déroulement du discours. Mais lorsque le sujet a du mal à parler, elles peuvent l'aider, voire être rassurantes dans la mesure où elles ne le confrontent pas brusquement à son silence, à son impuissance et à ses conflits. En revanche, les réitérations relancent le discours informatif. La réitération en écho révèle qu'on a bien entendu et compris mais, comme elle emprunte les énoncés de l'interlocuteur, elle peut provoquer des formes de résistances ou de soumission. La réitération reflet, qui insiste non sur l'énoncé mais sur l'origine de l'énonciation, inscrit une distance entre ce qui est dit et ce qui est pensé et pourrait paraître mettre en doute l'adhésion du sujet avec ce qu'il énonce ; elle a pour effet de faire produire en réponse un discours nuancé ou assuré. Les déclarations sont surtout intéressantes lorsqu'il s'agit d'interprétations (qui portent sur le sens de ce qui est dit tel qu'il est constitué par l'intention du sujet). La recherche de l'intention est souvent perçue par le sujet comme une tentative de maîtrise de son discours et peut entraîner des effets de consentement ou de résistance.

c) Spécificité des interventions en clinique

Les éléments que nous venons de proposer concernent principalement le domaine de l'entretien de recherche, mais la clinique comporte quelques particularités supplémentaires. D'une part, les questions, notamment externes, sont employées soit pour faire préciser un fait soit pour aider le sujet à parler : elles sont cependant le type d'intervention le moins pertinent et le plus intrusif. Il faut savoir les formuler (ni le ton, ni l'accompagnement gestuel, ni les mots employés ne doivent heurter le sujet ni suspendre le fil de son discours) et les insérer dans la trame de son discours. D'autre part, l'objectif d'un entretien étant aussi d'impliquer le sujet dans son message, les interventions portant sur le registre illocutoire sont utilisées, parfois combinées avec d'autres formes d'intervention ; elles ont pour effet de rétablir le patient dans sa position de sujet du discours et de souligner l'acte qu'il réalise en parlant à quelqu'un. Il reste que les interventions maladroites dans ce registre peuvent favoriser des réactions de rejet, de sentiment de persécution, voire d'une forme de « forçage du transfert » en voulant ramener ce que le sujet dit des événements au seul ici et maintenant.

La question des interprétations prend évidemment plus d'importance en pratique clinique, mais il faut distinguer les entretiens à vocation thérapeutique des entretiens d'évaluation. La plupart des psychothérapies qui se réfèrent à la psychanalyse sont fondées sur l'utilisation des interprétations, voire des constructions. Certes, dans le cadre psychanalytique, l'interprétation possède un sens précis notamment dans sa référence au transfert. Elle se définit comme le « dégagement par l'investigation analytique, du sens latent dans le dire et les conduites d'un sujet. L'interprétation met à jour les modalités du conflit défensif et vise en dernier ressort le désir qui se formule dans toute production de l'inconscient. Dans la cure, communication faite au sujet et visant à le faire accéder à ce sens latent, selon des règles commandées par la direction et l'évolution de la cure » (*Vocabulaire de psychanalyse*, PUF, 1981).

Mais, dans les psychothérapies, la question de l'intervention et des formes d'interprétation (tentative de donner un sens ou de poser la question du sens) se pose très directement. Blanchet cite les interventions fréquentes en entretien que sont les analogies propositionnelles, les interprétations et les propositions thérapeutiques. Les analogies propositionnelles sont par exemple : lorsqu'elle est enceinte, Malika est triste et pleure très souvent *comme* sa mère lorsqu'elle a perdu son premier bébé. Les interventions peuvent proposer un lien entre deux énoncés ou inverser le lien établi, des reconstructions (remplacement de l'ordre d'origine par un ordre cohérent possédant un sens dans l'histoire du sujet). Les interprétations procèdent selon la démarche : le sujet formule une proposition, l'auditeur en déduit (infère) une autre proposition. Elles revêtent de multiples formes comme les stratégies herméneutiques (réorganisation des repères biographiques du patient qui modifie l'espace psychique), les rapprochements entre deux faits ou deux paroles du sujet, la nomination des affects, des intentions ou des situations (interventions métamodales), etc.

Dans le cadre d'un entretien à visée diagnostique ou évaluative, il n'y a pas lieu d'intervenir sous forme d'interprétations visant à produire un changement du sujet. Sans doute peut-on se réjouir qu'un entretien évaluatif ait permis au sujet de se sentir soulagé, d'avoir perçu la nature de certains de ses problèmes, mais il ne saurait être question de procéder comme si l'on était dans un cadre thérapeutique, qui suppose une demande du patient et un contrat entre lui et le psychologue. Tout au plus certains cliniciens – et seulement dans le cadre d'une demande de thérapie – formuleront une interprétation « test ». Il n'empêche que même dans un entretien à vocation strictement diagnostique ou informative, il existe aussi des interventions qui peuvent se rapprocher des interprétations. Les interventions consistant à proposer à un sujet une relation entre deux phénomènes rapportés comme séparés (inducteur de liens) ou à inverser les rapports formulés par le patient (opérateurs d'inversion) sont fréquentes, de même que les stratégies herméneutiques.

2.4 Mécanismes de l'entretien

Dans le cadre de l'intervention clinique, on est aussi attentif à l'apparition de certains mécanismes. La psychanalyse a attiré l'attention de tous les cliniciens sur le rôle du transfert (déplacement sur la personne de l'analyste de représentations et de désirs inconscients) et du contre-transfert (réaction de l'analyste aux motions transférentielles et préconceptions qui orientent son écoute), d'autant que, si pour Freud, le transfert existe dans toutes les situations humaines, seule la psychanalyse procède à son analyse. Si certains mécanismes sont plus fréquemment présents chez le sujet que chez le psychologue, la plupart d'entre eux peuvent se retrouver chez les deux interlocuteurs. On cite généralement l'identification, la projection, le clivage, les différentes formes de restriction (scotomisation), la défense par la perception (ou la réalité). En outre, du côté du psychologue, l'entretien suscite des mécanismes d'empathie (immersion dans le monde subjectif d'autrui) et un rôle de contenant.

a) Les mécanismes

Pour le sujet – mais aussi pour le psychologue – l'entretien est une situation angoissante, que ce soit à cause du problème qui l'amène, de la difficulté à parler à un autre, à révéler des aspects intimes de lui-même, ou plus banalement du résultat de la rencontre. Cette angoisse est évidemment majorée par l'intensité de la symptomatologie et des conflits (notamment ceux qui ont trait aux relations d'objet). Elle suscite la mise en place de ces mécanismes que le psychologue doit repérer et respecter.

L'*identification* est le mécanisme par lequel le sujet assimile un aspect, une propriété, un attribut de l'objet et se transforme, entièrement ou partiellement, sur le modèle de celui-ci. L'entretien favorise ce mécanisme tant chez le patient que chez le psychologue ; le premier peut se trouver un modèle auquel il tente de ressembler et dont il assimile les propriétés qu'il lui suppose, le second peut réagir comme s'il était le patient ou perçoit les événements à sa manière. Le risque inhérent à l'emploi de ce mécanisme, d'autant plus délicat qu'il passe inaperçu, est l'aliénation du sujet au psychologue et pour ce dernier l'impossibilité de se situer à distance des problèmes du sujet. Mais, comme le rappelle Balint, le travail du clinicien suppose un double mouvement d'identification au patient (permettant la compréhension) et de retrait dans l'objectivité (permettant la distance nécessaire à l'intervention).

Par la *projection* le sujet expulse hors de lui et localise dans l'autre des qualités, des sentiments, des désirs qu'il méconnaît ou refuse en lui. Le patient peut donc attribuer ses pensées au psychologue sous une forme directe (il considère que le psychologue est en colère alors qu'il ne reconnaît pas son agressivité) ou inversée (il attribue au psychologue une agressivité, alors qu'il ne peut pas reconnaître son propre attachement à celui-ci). On imagine sans peine l'intérêt et le danger de ce mécanisme : il met en évidence certains des conflits du sujet, mais risque d'altérer profondément la relation au point d'aboutir à une rupture. Les psychologues n'échappent pas aux projections sur le patient, mais une grave distorsion dans la conduite de l'entretien serait que les interventions dépendent de ces projections.

L'*idéalisation,* souvent couplée avec le *clivage,* désigne l'attribution à l'objet de qualités extrêmes ; qu'il s'agisse d'un objet extérieur, du psychologue ou d'attributs généraux, ce mécanisme peut aboutir à des situations manichéennes (opposition systématique entre ce qui est extrêmement bon et le reste considéré comme radicalement mauvais) ou même à des difficultés dans la verbalisation, ce qui est idéalisé ne pouvant être remis en cause ou même simplement questionné. Le *clivage* sépare en deux parties autonomes le moi (clivage du moi) ou les objets (clivage de l'objet) ; dans le cadre de l'entretien, le clivage consiste à séparer radicalement certaines situations ou bien à la fois à admettre certaines réalités et à les nier (*déni*) dans les actes. Le sujet connaît par exemple le risque impliqué par sa conduite, mais il fait comme si ce risque n'existait pas.

Le terme de *restriction* désigne ici les oublis, les scotomisations, les censures, que les sujets font subir à leur discours pour des raisons fort diverses. Freud avait isolé le *refoulement* comme mécanisme de rejet dans l'inconscient de représentations inacceptables par le moi, mais dans l'entretien clinique on perçoit aussi d'autres formes moins radicales, moins pathogènes. La réticence à évoquer certains domaines, les démentis, les corrections après une parole qui implique trop, la mise de côté de certains propos témoignent d'une censure, l'impossibilité de dire quelque chose parce que le propos est jugé offensant, trop personnel, ambigu, réduisent la portée du discours. Ces mécanismes qui sont inhérents à la rencontre entre deux personnes limitent naturellement l'effet abréactif du discours et le contenu de ce que le sujet souhaite dire ; en même temps, ils permettent des aménagements défensifs qui rendent possible le maintien de la relation ou qui la rendent tolérable. Mais l'expérience clinique montre que ce qui fait l'objet d'une restriction ne tarde pas à se manifester sous un autre jour : métaphore, dénégation, lapsus, ruptures logiques du discours laissant percevoir le non-dit.

Enfin, la *défense par la perception* (ou la réalité) désigne un *style* de discours caractérisé par un souci des détails, une impossibilité à exprimer les sentiments et les émotions, une présentation stéréotypée et conformiste (« pensée opératoire » ou « alexithymie ») des faits, qui les privent de leur signification. Le patient semble se défendre contre ses difficultés en se réfugiant dans le « banal », en restant un prudent observateur et descripteur de la réalité, l'imaginaire étant relégué momentanément ou définitivement dans le non-dit. Ce type de manifestation est fréquent dans des situations ne relevant pas de la pathologie, lorsque la signification pourrait soulever une angoisse difficilement jugulable.

b) L'empathie et la fonction contenante

En plus des mécanismes que le psychologue partage avec le sujet, l'entretien suscite la mise en place de deux types d'attitudes. L'*empathie* est une notion de la philosophie allemande (*Einfüllung*) développée par Rogers pour désigner le fait de « ressentir le monde intérieur du client avec la signification qu'il a pour lui, le ressentir "comme si" il était son monde à soi, sans jamais perdre la qualité "comme si", c'est cela l'empathie » (1963). Elle suppose une capacité d'identification au patient tout en gardant sa propre identité. Dans l'entretien, elle qualifie une attitude, un climat, voire une forme de compréhension supposant que le psychologue ressente les sentiments et les intentions du patient. Il doit donc posséder la capacité d'entrer dans le monde subjectif de l'autre et de percevoir la réalité telle qu'il se la représente, sans la déformer par ses projections et ses propres conceptions. Bien qu'elle existe *a minima* dans toutes les relations humaines, l'empathie ne va pas sans difficultés, notamment avec certains patients (psychotiques par exemple) dont le monde intérieur nous est profondément étranger. Il s'agit donc plus d'une tendance que d'un objectif toujours atteint.

La notion de fonction *contenante* émane des travaux analytiques, notamment de ceux de Bion, et désigne la fonction maternelle qui transforme les éléments bêta (proto-pensées négatives) en éléments alpha (pensées véritables). Le développement de la capacité de penser de l'enfant dépend de sa faculté à supporter les frustrations. Il est étroitement lié à la « capacité de rêverie de la mère », c'est-à-dire la faculté d'imaginer les désirs et les projections de l'enfant, lui permettant ainsi de supporter ses angoisses, qu'elle transforme en craintes supportables. Par analogie, la notion de contenant désigne la capacité, dans l'entretien, d'être un réceptacle stable pour les angoisses du patient, de transformer et de restituer à l'intéressé ses difficultés ou ses représentations déplaisantes de manière bonifiée. Tout entretien clinique, même d'évaluation, devrait remplir cette fonction de *restitution* et de *restauration.*

2.5 L'analyse des informations

Un entretien fournit de nombreuses informations qui ne se décodent pas automatiquement : leur transformation, la constitution d'une représentation du problème du sujet est nécessaire. Un entretien fait par ailleurs l'objet d'un compte rendu, d'une synthèse, d'une analyse partielle qui vont constituer une partie du bilan ou de l'étude du cas. Dans le domaine de la recherche, ces analyses sont connues sous les termes d'« analyse du discours » et d'« analyse de contenu » : elles portent sur l'ensemble du matériel et produisent une intelligibilité et une interprétation du discours.

Les choses sont moins claires dans l'entretien clinique, dans la mesure où il n'existe pas de méthode précise d'analyse du contenu. La pratique clinique ne permet pas non plus que, avant de se prononcer, le psychologue fasse subir un traitement élaboré au matériel fourni par le discours du patient. L'activité clinique se réalise dans l'instant de la rencontre et le psychologue ne dispose ni de temps ni d'outils de décodage autres que son expérience, son savoir et ses capacités personnelles. Sa réflexion se fonde donc sur des paramètres qu'il regroupe sous le nom « d'analyse clinique » ou d'« analyse psychopathologique ». Son travail empruntera alors à l'analyse thématique (reprise de certains éléments du discours et de la position du sujet à leur propos), à l'analyse de l'énonciation (place du sujet dans son message), à l'analyse de la conversation et des échanges, et à l'inférence de mécanismes de défense. Le psychologue possède une grille d'écoute de l'entretien lui permettant de replacer les informations et de leur donner un sens, mais en même temps il doit rester à l'écoute de la spontanéité du discours sans le décomposer arbitrairement à partir d'une sémiologie restrictive. C'est la confrontation entre ces deux nécessités qui confère à l'entretien diagnostique sa richesse et sa spécificité. Dans l'entretien thérapeutique, la situation est différente, elle suppose la continuité et ne nécessite pas une forme de synthèse systématique.

L'entretien clinique peut paraître proche de situations communes (discussion, interview) mais il s'en démarque en ce qu'il nécessite une méthode et des techniques adaptées à son but : *diagnostic* (consultation nécessitant la production, la sélection et le traitement d'informations et visant une évaluation et une action) ou *thérapeutique* (procédure de compréhension et de transformation). L'entretien introduit une relation entre deux ou plusieurs personnes, espace d'échanges et de communication à l'intérieur duquel se jouent des phénomènes tant cognitifs qu'affectifs. Mais il implique aussi une conception du langage : ce qui est dit ne correspond pas seulement aux faits tels que le sujet les voit mais encore à une manière de se situer par rapport à l'interlocuteur. On lui a parfois reproché son aspect trop empirique et sa trop grande dépendance de la subjectivité du psychologue. Aussi, depuis quelques années sont apparues des techniques standardisées qui se veulent plus objectives en réduisant l'initiative du clinicien. Des guides comme la SADS (*Schedule for Affective Disorders and Schizophrenia*) tirée du DSM (l'*Autistic Diagnostic Interview*), ou encore le *Present State Examination* ont ainsi été forgés, mais, en l'état, ils se rapprochent plus de questionnaires ou d'échelles que d'entretiens cliniques.

3. Les tests et les échelles

Le test est sans doute l'outil qui paraît spécifique du psychologue, puisqu'il est le seul à posséder les connaissances permettant son interprétation. Il est « une situation standardisée servant de stimulus à un comportement qui est évalué par comparaison statistique avec celui d'individus placés dans la même situation, afin de classer le sujet soit quantitativement, soit typologiquement » (P. Pichot, *Les Tests mentaux*, PUF). Il y a de nombreuses formes de tests distingués en fonction de leur objet d'étude : les tests d'aptitude (ou instrumentaux) qui visent à décrire un phénomène précis et bien circonscrit (comme l'attention ou la mémoire par exemple), les tests de développement qui analysent l'évolution des compétences et des aptitudes (graphiques, motrices, etc.), les tests d'intelligence (ou cognitifs) qui sont souvent des batteries, c'est-à-dire une succession d'épreuves autonomes, chacune mesurant un aspect spécifique de l'intelligence, et les tests de personnalité qui se décomposent en tests objectifs, comme les inventaires de personnalité, et en méthodes projectives. Le but des tests est de faire apparaître ce que les entretiens ne permettraient pas de repérer précisément (production d'informations inaccessibles), de fournir des résultats valides et objectifs, c'est-à-dire non soumis à la subjectivité du psychologue (objectivité) et d'enrichir le bilan clinique (ils ont alors le statut d'examens complémentaires).

3.1 Les tests cognitifs

Ils sont principalement employés dans le domaine de la clinique de l'enfant ou de l'adolescent, mais il existe des échelles destinées aux adultes, certaines permettant aussi de calculer un indice de détérioration rendant possible l'évocation d'une atteinte (par exemple démence) des capacités cognitives et la localisation des opérations intellectuelles défaillantes. Malgré la fréquence d'utilisation de ces épreuves (qui fournissent souvent un Quotient Intellectuel), nombre de critiques ont été portées contre elles tant sur leur définition de l'intelligence que sur la capacité des tests à mesurer ou sur la pertinence de la standardisation. Piaget notamment a souligné l'aspect formel, partiel et inadapté de certains tests d'intelligence dans l'analyse du raisonnement de l'enfant. Les tests les plus utilisés dans l'étude des facteurs intellectuels chez l'enfant sont la Nouvelle Échelle Métrique d'Intelligence, la WISC (Échelle d'Intelligence de Wechsler pour enfants) qui se compose d'échelles regroupées en épreuves verbales et épreuves-performances, le K-ABC, les échelles dérivées des travaux de Piaget (notamment les étapes de l'intelligence sensori-motrice de Casati et Lézine) ou l'Échelle de Développement de la Pensée Logique de Longeot, qui permet d'analyser les fonctions cognitives en référence aux stades opératoire concret et opératoire formel. Les épreuves portent notamment sur la conservation du poids et du volume, la quantification des probabilités, le schème de logique interpropositionnelle, etc. Il existe aussi des tests cognitifs destinés à l'adulte. Parfois la distinction entre tests cognitifs et test neuropsychologiques est difficile à faire.

Les tests ont fait l'objet de critiques de la part de cliniciens plus préoccupés d'implication que d'objectivité : un simple résultat de Q.I. ne saurait avoir un quelconque intérêt quant à la définition des difficultés d'un sujet ni même quant à l'organisation de son raisonnement et de ses compétences cognitives. En revanche, un test cognitif peut être un excellent instrument clinique à condition de l'intégrer dans une approche plus globale et de se donner les moyens de procéder à un authentique diagnostic des fonctions intellectuelles. Un test comme la WISC se prête à cette démarche diagnostique à condition de connaître les facteurs impliqués dans chaque échelle et de pouvoir situer les réussites et les échecs du sujet (méthode des *scatters*).

3.2 Tester la personnalité ?

La personnalité a aussi fait l'objet de tests, par des épreuves spécifiques ou par les méthodes projectives qui ont une portée plus large. Les inventaires de personnalité – dont le plus connu est sans doute le MMPI (Inventaire Multiphasique de Personnalité du Minnesota) – sont souvent des questionnaires ; leur fiabilité est plus importante que leur pertinence puisqu'ils n'analysent souvent qu'un secteur spécifique de la personnalité, notamment ses aspects cognitifs. Ils visent à définir des *traits* d'une manière fréquemment statique et permettent souvent d'affecter le sujet à une classe définie (classement typologique).

Les méthodes *projectives* sont une investigation dynamique de la personnalité qui s'exprime à travers la perception d'un matériel peu structuré que le sujet construit à sa guise en lui donnant une ou plusieurs significations, révélatrices de ses modes de résolution des conflits, de son appréhension de la réalité, de ses mécanismes de défense ou de son économie affective. Les productions du sujet (il s'agit souvent d'énoncés peu structurés) font l'objet d'une interprétation et non pas d'une appréciation en termes de bonne ou mauvaise réponse. Comme dans d'autres secteurs de la clinique, on rencontre des interprétations différentes selon les écoles théoriques (psychanalytiques, phénoménologiques, cognitives...). Le psychodiagnostic de Rorschach propose dix planches au matériel non structuré (taches d'encre sur un fond blanc) mais symétrique. Il est demandé au sujet de dire ce que « cela pourrait être ». Ses réponses sont notées et font l'objet d'une analyse quantitative et qualitative à partir du psychogramme (localisation de la réponse, déterminant, contenu, différents indices) et de la nature des réponses. La synthèse des résultats fournit une interprétation qui apporte des informations sur la nature de l'angoisse et des relations d'objets, les mécanismes de défense, l'organisation du Moi, le rapport au réel, l'image du corps... Cette interprétation peut aussi susciter des hypothèses psychopathologiques en termes de diagnostic de structure ou d'organisation (névrotique, psychotique...). D'autres méthodes d'interprétation plus cognitives, comme celle d'Exner, permettent un traitement informatique d'une partie de l'analyse.

Le *Thematic Aperception Test* (TAT) de Murray se compose de planches représentant des scènes souvent banales et peu ambiguës ; on demande d'« imaginer une histoire à partir de la planche ». Le clinicien travaille sur le discours dont l'analyse repose sur l'étude de la cotation planche par planche des procédés utilisés dans la construction du récit. L'interprétation s'apparente à une analyse de contenu fondée sur certains indicateurs (contrôle, labilité, évitement du conflit, émergence du processus primaire, accrochage au contenu manifeste...) ; l'ensemble des résultats est référé au sujet et à sa singularité. Le TAT permet de faire des hypothèses diagnostiques mais aussi d'apprécier le fonctionnement psychique. Avec les enfants, on utilise, avec des modalités de cotation différentes, des tests comme le « Patte Noire » (histoire d'un petit cochon qui se distingue des autres par la présence d'une tache noire sur une patte) ou le *Children Aperception Test* (CAT), dont la structure est celle du TAT dans une forme adaptée aux enfants.

3.3 Les échelles

Les échelles d'évaluation se distinguent des tests psychométriques car elles ne comparent pas les sujets les uns aux autres – mais donnent une note – et elles ne confrontent pas systématiquement les sujets au même matériel. Ces échelles existent sous deux formes : échelles d'hétéro-évaluation, remplies par le clinicien, et d'auto-évaluation, remplies par le sujet. Ces outils servent, en clinique comme en recherche, à qualifier et quantifier, de manière standardisée et précise, un état ou un trait en vue d'un diagnostic, d'un examen des effets d'un traitement, ou d'une analyse des processus.

Une échelle doit posséder trois qualités métrologiques. Sa *validité* repose sur le fait qu'elle mesure bien ce pour quoi elle est constituée et rien d'autre. L'examen de la validité est double ; il peut porter sur les items (intercorrélations) ou sur la note globale (par comparaison avec un autre outil). La *fidélité* implique que l'échelle donne des résultats comparables dans des situations identiques (fidélité *test-retest*, fidélité interjuges). La *sensibilité* dépend de la capacité à noter des variations entre des états différents. L'intérêt de ces techniques est de faire apparaître des éléments difficiles à percevoir et/ou à apprécier dans un entretien : s'il est facile de reconnaître des signes dépressifs dans un entretien, il est en revanche plus délicat d'apprécier l'intensité des troubles, notamment des troubles cognitifs. En outre, ces techniques donnent des résultats chiffrés qui permettent des comparaisons (du sujet par rapport à lui-même : avant et après traitement). Notons toutefois que les échelles, comme les tests, réduisent les objets cliniques à ce qui est mesurable et qu'elles ne donnent qu'un éclairage très partiel qui doit être complété par les données de l'entretien.

L'extraordinaire diffusion de ces échelles s'explique par leur maniement souple et par les possibilités d'objectivation qu'elles semblent apporter ; en outre, la quantification permet l'ouverture des résultats vers des traitements statistiques, généralement plus utilisés dans la recherche que dans l'activité clinique. Malgré cette richesse, malgré leur intérêt pour l'apprentissage de la sémiologie, elles ne sont que des indices partiels et ne sauraient avoir de sens que replacées dans le cadre du cas et en fonction de la réalité subjective qu'elles expriment.

4. L'OBSERVATION CLINIQUE

L'observation est à la base de la simple connaissance du monde, des autres et sans doute de l'activité scientifique. Elle suppose l'attention centrée sur un objet et la capacité de discriminer les différences entre les phénomènes.

4.1 Définition générale

L'observation est traditionnellement définie comme l'action de considérer avec une attention suivie la nature, l'homme, la société, afin de les mieux connaître. Elle vise à faire l'inventaire du réel, mais elle ne doit relever que ce qui lui paraît pertinent et significatif ; il n'y a donc pas d'observation entièrement naïve. Toute observation est guidée par des principes et opère un choix dans les phénomènes : quelles séquences de comportement ou de discours retenir, quels en sont les éléments significatifs ?

Le recueil du matériel est réalisé à l'aide de techniques qui, selon les domaines de la psychologie, peuvent être simples ou sophistiquées : au regard naturel se sont adjoints les enregistrements vidéoscopiques, les techniques d'imagerie ou des productions d'indices. De même, on oppose une observation non structurée (qui vise à enregistrer le plus de détails possible) et une observation répondant à l'enregistrement planifié de séquences comportementales définies. Le premier type fait appel à une attention libre et flottante, soumise aux phénomènes, alors que la seconde suppose un plan d'observation rigoureux (définition des comportements et des indices à repérer, modalités d'enregistrement, technique d'échantillonnage, grille d'observation…). La psychologie clinique est plus proche de l'observation non structurée, mais il lui arrive de compléter cette approche par des procédures plus standardisées.

4.2 Spécificité de l'observation en psychologie clinique

En psychologie clinique, le terme observation est ambigu puisqu'il désigne à la fois l'activité d'identification, de description des comportements et la présentation rapide d'un cas : une observation de malade est bien une étude singulière à laquelle on ne donne pas le terme d'« étude de cas ». L'utilisation de l'observation comme méthode de recueil est, en psychologie clinique, souvent nécessaire. Il existe des situations dans lesquelles le recours à l'entretien est impossible : enfance ou situations pathologiques comme l'autisme, la catatonie, voire l'aphasie. Mais le recours à l'observation est essentiel comme complément d'autres informations : le comportement du sujet, ses attitudes dans la rencontre, fournissent des éléments révélateurs ou posent de nouvelles questions.

L'observation clinique traditionnelle se démarque des conceptions médicales dans la mesure où elle tente non seulement de décrire ce qui apparaît mais aussi de regrouper ces informations. Elle est soutenue par un projet de soumission au matériel et de restitution du sens de l'ensemble de l'observation. La psychologie clinique privilégie le langage et semble plus réservée sur les techniques faisant appel à d'autres productions que la parole. L'observation peut être ainsi considérée comme présentant trois risques : la *réification* (réduire le sujet à ce que l'on observe), l'*objectivation* extrême et l'*absence de validité* des interprétations qui en sont tirées (quel sens donner à un comportement sans pouvoir se référer au discours du sujet ?). Mais elle a aussi une grande fécondité.

L'observation clinique, même si elle peut utiliser le langage objectivant, situe ses résultats dans le cadre de la singularité de la personne et analyse l'influence de l'observateur sur l'observation. Son projet est de relever des phénomènes comportementaux significatifs, de leur donner un sens en les resituant dans la dynamique, l'histoire d'un sujet et dans le contexte de l'observation. Mais ce projet n'implique pas le rejet de toute technique de standardisation de l'observation et de rigueur dans l'interprétation. Si observer un enfant autiste implique qu'on ne le perçoive ni comme une machine, ni comme un ensemble de signes comportementaux, interpréter l'autisme uniquement à partir de la situation serait erroné, tout autant que se priver de toute nomination précise de ce qui est observé : une observation clinique n'est pas une application systématique de grilles de lectures issues d'une théorie générale (psychanalytique, cognitive...) visant à donner un sens, sans que ce qui a été observé n'ait pu être précisé.

Le propre de l'*observation clinique stricto sensu* est de considérer que les conduites sont des productions significatives d'un sujet et qu'elles expriment quelque chose. Elles sont relatives à une situation et à un espace donné et l'influence de l'observateur fait que nombre des comportements deviennent des interactions : l'enfant observé dans une classe n'a pas le même comportement que chez lui et, s'il se sait observé, ses attitudes se modifient. Il n'est cependant pas question de réduire le ralentissement d'un déprimé à la seule présence de l'observateur, voire d'annuler cet élément essentiel du diagnostic sous le prétexte qu'il peut être ramené à la situation et à la présence de l'observateur : le rôle du clinicien est de noter ce ralentissement et d'en situer les formes en s'intéressant aussi au sujet qui le produit.

Pierre est un enfant autiste d'une dizaine d'années ; il ne parle pas, a du mal à croiser le regard des autres et recherche un environnement identique. Dans le bureau de consultation, il tourne d'abord autour de la pièce en regardant le sol, puis il va chercher dans la corbeille à papier un morceau qu'il flaire et agite ensuite contre sa bouche de manière stéréotypée, enfin il regarde ce qui se trouve dans le panier de jouets. Il en prend un, généralement le plus abîmé et le garde près de lui pendant toute la séance. Il ne réagit pas lorsqu'on lui parle, mais il a eu des réactions de fuite et même d'auto-agressivité lorsque le cadre est perturbé ou quand le psychologue s'approche de lui. On perçoit bien ici que les informations sont apportées par l'observation des attitudes de l'enfant mais que celles-ci n'ont pas de significations en elles-mêmes. Le psychologue étudiera l'influence de ses attitudes sur celles de l'enfant (pourquoi est-il ignoré, que représente-t-il pour lui, de quoi a-t-il peur, etc. ?) et interprétera, dans le cadre de la consultation, ses comportements (flou des limites corporelles, besoin d'autostimulations, protection contre l'angoisse de morcellement...), avant de tenter de les modifier.

L'observation clinique, quasi naturaliste, se réfère volontiers à l'éthologie pour situer les spécificités de sa méthode en tentant ainsi de se distinguer de l'observation médicale ou ethnologique. L'observation en relation individuelle, l'observation des interactions mère-enfant, l'observation du sujet avec ses pairs, l'observation en institution, l'observation du sujet dans la réalisation d'une tâche sont des démarches classiques du psychologue. L'observation est donc un complément essentiel de l'entretien et, parfois, demeure l'unique moyen d'évaluer les difficultés ou les progrès d'un sujet.

Dans le domaine de l'enfance, et plus particulièrement des premiers stades de la vie, l'observation a montré sa fécondité. La psychanalyse, la psychologie clinique, ont recouru à elle pour produire leurs connaissances initiales. À la suite des travaux de Brazelton, de Stern, de Bick, les interactions précoces ont constitué un des domaines les plus riches de l'observation ; l'approche clinique dégage les interactions comportementales (manière dont le comportement de l'enfant et celui de la mère s'agencent l'un par rapport à l'autre), affectives (influence réciproque de la vie émotionnelle de l'enfant et de celle de la mère) et fantasmatiques (influence réciproque de la vie psychique de la mère et de celle de l'enfant). L'observation clinique permet d'appréhender assez largement les situations quotidiennes (sommeil, alimentation, jeux, soins corporels) mais aussi les contextes de séparation, de détresse, de souffrance…

Les lacunes et les limites de l'observation naturaliste (non standardisée, sans critères) ont amené les cliniciens à recourir à des techniques plus rigoureuses, mais aussi plus contraignantes et limitatives dans la production de résultats. On utilise ainsi des techniques d'enregistrement des informations (utilisation de la caméra notamment) et des moyens de recueil des données (grilles). Ces grilles d'observation répondent aux mêmes principes métrologiques que les échelles et ont un double but : permettre un recueil valide et fiable du matériel, tout en veillant à ce qu'il ne soit pas trop dépendant de la subjectivité de l'observateur. Dans le domaine des interactions, par exemple, la *Greenspan-Lieberman Observation Scale* (GLOS) utilisée pour l'intervention auprès des familles à

« hauts risques » permet, d'après vidéo d'une séquence de jeu libre entre la mère et l'enfant, de classer les comportements dans différentes catégories et d'examiner les liens entre les deux partenaires. Les principales critiques opposées à ces grilles ont trait à leurs qualités métrologiques et au fait qu'elles risquent de limiter l'observation du clinicien à ce qu'elles retiennent et de ne pas lui permettre d'être sensible à l'inattendu. Ici encore la fécondité de la méthode clinique tient à sa capacité d'utiliser les avantages des deux possibilités en limitant leurs conséquences négatives.

• *Un exemple de situation d'observation, le jeu*

Le jeu est une activité naturelle, plaisante, dans laquelle l'enfant met en scène son monde intérieur, projette ses désirs, recherche une satisfaction fantasmatique. Tant dans l'examen psychologique de l'enfant que dans la thérapie, le jeu est un outil essentiel dans la mesure où l'enfant est plus à l'aise dans l'expression par les activités ludiques que par la conversation : il est généralement très difficile de réaliser un entretien avec un enfant, mais les médiations comme le jeu ou le dessin lui permettent de s'exprimer.

La consultation psychologique, comme la thérapie, propose à l'enfant un matériel composé de petits jouets figurant des personnages humains, des objets familiers, des animaux, des voitures... Le jeu est d'abord un moyen de communication ; les thèmes, les contenus du jeu, sa cohérence, son déroulement, mais aussi les paroles de l'enfant sont à noter et forment le matériel à partir duquel sont formulées les hypothèses et les interprétations sur les conflits et leurs modes de résolution, l'intensité des manifestations pulsionnelles, l'émergence de l'angoisse... Le jeu possède ainsi des propriétés diagnostiques (exploration des conflits) et thérapeutiques (apaisement des tensions) : il constitue un outil essentiel de la méthode clinique.

5. Les médiations graphiques (documents)

L'approche du sujet repose aussi sur l'analyse de ses productions, ce que Lagache appelait les « techniques documentaires » : dessins, journaux intimes, écrits, voire résultats scolaires. Ces productions ont en commun de n'être ni du langage oral, ni des comportements observables, mais des traces, souvent graphiques.

a) Le dessin

Le dessin est une activité graphique créatrice qui débute tôt dans le développement de l'enfant. Il implique la motricité (graphisme), la représentation mentale, l'activité symbolique, l'image du corps, l'imaginaire et l'expression. L'utilisation du dessin ne se retrouve pas seulement dans l'approche de l'enfant où elle est pratiquement obligatoire, mais aussi chez l'adulte dans un but d'évaluation (notamment des apraxies) ou d'expression (en cas d'impossibilité d'exprimer certaines difficultés). De même certains tests reposent sur la production d'un dessin qui sera examiné à partir de critères précis.

Le dessin est une image qui suppose une créativité c'est-à-dire une représentation individuelle de la réalité et non pas une copie de celle-ci ; comme le rappelle Widlöcher, « l'image que nous apporte le dessin n'a que peu de rapports formels avec la projection optique de l'objet réel sur notre rétine » (1975, p. 64). Le dessin est une création, une réalité en prise sur la subjectivité de l'auteur. En outre il est un moyen d'expression qui peut apparaître comme un langage (« histoire sans paroles »), voire s'insérer dans la parole, l'enfant commentant sa production. Ainsi conçue, l'activité graphique est considérée selon trois angles : l'expression (le dessin permet de dire, de communiquer et peut être utilisé comme moyen thérapeutique ou comme aide à l'évocation des difficultés), le diagnostic (le dessin révèle certaines difficultés tant dans le développement que dans la problématique), l'interprétation (les scènes représentées sont perçues en fonction du sujet et de sa situation personnelle comme révélatrices de ses conflits et de leurs modes de résolution).

Un dessin ne s'interprète pas directement, il n'y a pas de correspondance directe entre ce que dessine l'enfant et une signification précise. Widlöcher souligne qu'« il faudra prendre le dessin pour ce qu'il est, une image, et rien qu'une image, mais en même temps savoir que cette image est un mode d'écriture complexe dont seule l'analyse rigoureuse nous livrera l'étendue de son pouvoir de signification ». L'interprétation d'un dessin est fonction de trois catégories : la valeur *expressive* du graphisme, la valeur *narrative* (récit sur et autour du dessin qui révèle la problématique imaginaires de l'enfant), la valeur *projective*. Surtout, il s'interprète dans le cadre d'une relation, à partir de la place qu'il y occupe et en fonction des commentaires de l'enfant. C'est sa valeur narrative qui confère au dessin toute son importance et qui permet de repérer les marques des phénomènes projectifs : le dessin apparaît comme un « inducteur de la parole ». La valeur projective désigne la manière dont le dessin fonctionne : extériorisation de dimensions latentes ou localisation dans le dessin de ce que le sujet ne peut représenter et/ou assumer. Certains psychologues, se fondant sur les travaux de Dolto, voient dans le dessin – comme dans le modelage – un lieu privilégié de projection de l'image du corps et ce, quel que soit le thème (maison, bateau, auto…). La manière dont s'organise l'espace graphique est le symbole de l'image du corps et exprime les composantes archaïques de la personnalité.

Le dessin est parfois utilisé dans la consultation comme un élément d'évaluation ou de diagnostic. Deux techniques sont employées : celles qui permettent d'examiner le développement ou les capacités cognitives et celles qui se rapprochent des méthodes projectives. Les premières sont des tests classiques (matériel standardisé validé) permettant d'analyser des capacités graphiques et/ou le niveau de représentation de soi ou des autres. Le test du « dessin du bonhomme » (Goodenough) permet de juger de la construction de l'image humaine. De même le dessin d'un cube – chez l'adolescent et l'adulte – permet de rechercher l'existence d'une apraxie constructive. Mais certaines épreuves comme le « dessin de famille » utilisent plus directement la représentation que le sujet se fait d'une situation et font appel à l'imaginaire. Le dessin n'est pas simplement celui des membres de la famille mais aussi celui de la manière dont il les imagine au moment où il les dessine. Les informations graphiques peuvent être encore la projection de ses conflits, de leurs modes de résolution, ou de ses angoisses.

Le dessin interactif (le *squiggle*) est utilisé lorsqu'il est difficile à un enfant de dessiner spontanément ou d'établir une relation avec le psychologue. Le psychanalyste D. Winnicott (1971) a imaginé une méthode, appelée le « jeu du *squiggle* », qui permet un échange par le dessin et qui, en certaines occasions favorables, rend possible une consultation thérapeutique. Il s'agit d'une rencontre autour du dessin, chacun complétant à tour de rôle le dessin de l'autre. Celui du psychologue est inducteur de pensées chez l'enfant et ne peut être tenu pour neutre ; l'interprétation doit en tenir compte. Winnicott estime que le *squiggle* est une technique banale qui ne saurait fournir à elle seule la clef de la consultation thérapeutique et qu'elle est un simple moyen. Mais il précise qu'« on peut effectivement, en partant des dessins de l'enfant et de nos dessins à tous deux, trouver le moyen de faire naître le cas à la vie. C'est presque comme si, par les dessins, l'enfant cheminait à mon côté et, jusqu'à un certain point, participait de la description du cas » (Winnicott, 1971, p. 6). Ce type d'approche stimulante nécessite une expérience clinique et une finesse qui ne sont pas données à tous les cliniciens.

> Winnicott rapporte le cas d'un enfant de 9 ans (Iiro) qui parlait uniquement le finnois, langue inconnue de Winnicott ; la consultation s'est donc déroulée presque exclusivement à partir de *squiggles*. L'enfant présentait une maladie somatique congénitale (malformation caractérisée par la soudure de plusieurs doigts) qui avait nécessité plusieurs interventions chirurgicales. Au moment de la consultation, il devait encore subir une intervention et présentait quelques symptômes anxieux, mais ne pouvait exprimer autrement sa souffrance et son inquiétude. À partir d'une forme vague dessinée par Winnicott et que l'enfant a interprété comme une « patte de canard », Iiro en vint petit à petit, dans les dessins, à représenter graphiquement – sans d'abord s'en rendre compte – son handicap (pieds et mains « palmés »), puis à la fin de la consultation, à une réaffirmation de l'amour qu'il se portait à lui-même (dessin d'un canard connoté positivement) et du besoin qu'il avait d'être aimé tel qu'il était (avec son handicap). Les dessins précèdent la prise de conscience de ses difficultés par Iiro, l'expression et la reconnaissance de celles-ci entraînent un mieux-être.

b) Le modelage

Parmi les modalités utilisées surtout avec les enfants, il faut relever le *modelage*, dispositif comparable au dessin ou à la peinture, mais qui

implique un contact corporel différent. Il permet de créer un espace à structurer. L'utilisation de la pâte peut être figurative (tentative de représenter quelque chose de précis) ou libre (le sujet fait jouer à des morceaux modelés un rôle dans un scénario de son invention). Pour certains, le modelage représente une excellente médiation thérapeutique avec les enfants ou les patients psychotiques. G. Pankow, notamment, estime que le processus de modelage aide le malade à symboliser et à structurer les relations objectales.

6. L'ÉTUDE DE CAS

La notion d'« étude de cas » est au centre de la méthode clinique à tel point que certains réfutent le terme « clinique » pour toute approche qui ne se référerait pas à cette dimension.

6.1 Origine de la notion d'« étude de cas »

Elle provient en partie de la médecine. Des phénomènes rares ou exemplaires ont ainsi été décrits à partir d'observations cliniques nommées « cas ». Janet, Freud et d'autres ont aussi procédé par « cas » : l'« homme aux loups », le cas Aimée de Lacan ou le cas Madeleine de Janet sont des histoires de malades reprenant la spécificité de la pathologie mais aussi de l'histoire singulière. Le terme « cas » n'est pas dénué d'ambiguïté puisque, d'une part, il vise à éclairer la singularité d'un problème mais que, d'autre part, il transforme le sujet en porteur d'une maladie ou d'une situation particulière, ce dont témoigne l'expression « faire de quelqu'un un cas » (l'isoler et le réifier).

La notion de « cas » en psychologie clinique vise à se dégager des aspects désubjectivants de la position médicale. Définie comme la reconnaissance d'un trouble en appliquant au cas individuel des données générales accommodées aux particularités du malade (Lagache) ou comme l'histoire singulière d'une vie interprétée à la lumière d'une doctrine, l'« étude de cas » en psychologie clinique tente de restituer le sujet et non pas simplement de reconnaître la pathologie qu'il présente. En ce sens, l'« étude de cas » est plus une méthode générale de réflexion sur les problèmes posés qu'une technique comparable à l'entretien ou au dessin. Elle apparaît comme une exigence dans le regroupement des informations provenant des techniques employées avec le sujet et dans leur intégration. Dans la pratique clinique, le recueil des éléments et leur interprétation s'opèrent donc en référence à l'histoire singulière de l'individu. Dans le domaine de la recherche ou de la théorie, l'« étude de cas » est un des moyens de constitution et de validation des hypothèses et des interprétations.

6.2 La pratique de l'étude de cas

Traditionnellement, l'étude de cas vise « non seulement à donner une description d'une personne, de sa situation et de ses problèmes, mais elle cherche aussi à en éclairer l'origine et le développement, l'anamnèse ayant pour objet de repérer les causes et la genèse de ces problèmes » (Huber, 1993). Mais à cette conception pragmatique qui met en avant la recherche holistique des éléments en s'intéressant plus à l'individu qu'au symptôme, d'autres auteurs préfèrent des définitions plus larges. Ainsi C. Revault d'Allonnes (1989) insiste-t-elle sur la notion d'« histoire de vie » : « l'étude de cas vise à dégager la logique d'une histoire de vie singulière aux prises avec des situations complexes nécessitant des lectures à différents niveaux, et mettant en œuvre des outils conceptuels adaptés. De ce fait, elle n'est plus essentiellement référée à l'anamnèse et au diagnostic, et se dégage des contraintes d'une psychologie médicale, tout en restant clinique et psychopathologique » (p. 69). Les deux orientations sont proches, l'une vise à intégrer les données en les référant à l'individu et en évitant de le morceler, l'autre tente de restituer la singularité intérieure en se dégageant de l'objectivation. Ces deux positions ne sont pas opposées, mais correspondent à des temps ou des objectifs différents : la première est évaluative alors que la seconde s'inscrit dans une conception thérapeutique ou dans une démarche d'illustration (cf. aussi Doron, 2001).

L'étude de cas est une forme de recueil et d'intégration des données supposant que dans l'approche d'un problème, on se fixe comme objectif de comprendre une personne et non pas seulement le problème ou le symptôme. Mais elle est aussi une construction opérée par le clinicien qui répond à certains principes. Elle se fonde sur plusieurs ordres de données : entretien, observation, informations anamnéstiques… Ces données sont articulées dans un projet permettant de rendre compte de l'ensemble des phénomènes, de les nommer et de produire des hypothèses sur la genèse, la fonction et les conséquences du problème posé, sur la place qu'il occupe dans l'histoire du sujet et sur le sens qu'il lui donne. La perspective sera différente selon que l'on s'inscrit dans la logique de l'évaluation ou du diagnostic, dans celle de la thérapie ou dans celle de la démonstration théorique et de la recherche.

6.3 Apports et limites de l'étude de cas

L'intérêt de l'étude de cas est indiscutable dans la pratique clinique. La discussion porte cependant sur la fiabilité des informations fournies par le patient et sur la méthode de reconstruction du cas. Puisque toute étude de cas tend à opérer une réduction du matériel et à fournir des interprétations ou à poser des hypothèses, la pertinence des reconstructions peut être discutée : l'exemple des interprétations successives, et parfois contradictoires, des mêmes histoires pousse les cliniciens à expliciter les démarches de reconstruction et à les confronter. Une autre critique porte sur le risque de réduction du problème à la seule relation et à la seule référence au sujet. Certains cliniciens préoccupés d'efficacité dans le diagnostic, dans l'indication et la réalisation des thérapies se démarquent d'une conception trop « subjective ». Ils lui reprochent de privilégier indûment la construction abstraite d'un sujet à partir de catégories générales (le désir, le conflit, l'inconscient, la pulsion…) au détriment de l'étude du symptôme et des possibilités de changement, mais ils annulent parfois la dimension psychologique au profit d'une position médicale se fermant à l'écoute d'un sujet. La dernière critique s'appuie sur les travaux de Foucault et s'interroge sur la procédure d'individualisation qui réduit le sujet à sa propre individualité et le maintient enfermé dans les traits, les mesures, les écarts qui le caractérisent. Cette critique invite à questionner, notamment en institution, la fonction que remplit le psychologue et le rôle « confortable » (pour l'institution) de l'attribution à un sujet (enfant, malade, déviant...) de la responsabilité d'un problème dont il n'est peut-être que le symptôme institutionnel ou social.

Dans le domaine de la production des connaissances scientifiques, l'étude de cas fait l'objet de plus de discussion. On lui accorde en général d'être au plus près de la réalité concrète, d'être souple, de laisser place au contact affectif, et de permettre l'émergence de relations entre les faits, les événements passés et présents et les positions actuelles du patient. Elle peut fournir des hypothèses, en montrer la pertinence, la validité et la cohérence et en infirmer certaines. Toutefois, les critiques sont nombreuses. Le « cas unique » est connu dans le domaine scientifique où l'on admet sa pertinence lorsqu'il vient contredire une loi générale, lorsqu'il apparaît comme général (il suffit d'un seul corps pour étudier l'anatomie) ou quand il s'agit de cas rares mettant en évidence un phénomène inhabituel, mais le recours au cas unique doit faire l'objet d'une méthodologie rigoureuse (cf. Widlöcher, 1990b). Les principaux reproches adressés à l'« étude de cas » concernent la fiabilité des informations (mémoire sélective du patient et du psychologue, confusion entre observation et interprétation), les difficultés à répéter les observations et à produire une généralisation, les limites dans la confirmation des relations de causalité postulées. De quoi le cas est-il significatif ?

6.4 Conclusions

Sans doute faut-il distinguer ce qui, en tant que méthode, *est spécifiquement* clinique et ce qui est *utilisé* en clinique, tout comme il faut distinguer le projet d'une clinique du singulier et la réalité de la pratique des psychologues. Si la méthode clinique se centre sur l'individu dans sa singularité, la pratique clinique n'exclut nullement des procédures d'objectivation

des faits, de standardisation des observations ou de quantification. De même, la recherche clinique et la production de connaissances peuvent-elles s'entourer de critères objectifs et employer des méthodes comparatives rigoureuses. Si la référence à l'individu demeure une *exigence* (à condition d'avoir pris quelques précautions épistémologiques et méthodologiques pour la validation), on mesure les limites de ce que serait une méthode exclusivement centrée sur cette référence et excluant toutes les autres approches. D'une part, elle se situerait hors de toute possibilité de nomination des difficultés, d'indications ou de propositions thérapeutiques. D'autre part, elle risquerait fort d'être dans l'incapacité de produire autre chose qu'une théorie de l'individuel ou, plus probablement, de référer ses observations uniquement à une théorie du sujet de l'inconscient (la psychanalyse) ou de l'être-au-monde (la phénoménologie). Mais, à l'opposé, confondre clinique psychologique et clinique médicale serait une faute plus lourde encore, puisqu'ignorant la subjectivité de l'individu et sa singularité pour le réduire à une norme dont on peut légitimement se demander ce qui la fonde.

PRATIQUES DE LA PSYCHOLOGIE CLINIQUE

Spécialité théorique et activité pratique, la psychologie clinique comporte au moins trois ordres de tâches : scientifiques, techniques et pratiques. Les premières concernent la constitution d'un savoir, la formulation de lois et d'explications ; les deuxièmes ont trait à la production de méthodes spécifiques pertinentes (de recherche, de diagnostic, thérapeutiques…) ; les dernières consistent en l'application du savoir à une situation concrète. Le domaine de la psychologie clinique comporte une particularité puisqu'elle est avant tout une activité pratique intervenant avec ses méthodes sur un domaine circonscrit par la demande sociale et par celle d'autres disciplines (psychiatrie, éducation…). Deux opérations sont donc essentielles : celle qui va de l'expérience clinique à la production d'un savoir et celle qui correspond à l'application pratique d'un savoir général. Le corpus théorique de la psychologie clinique est constitué par des connaissances sur des objets particuliers (névrose, handicap, conflit…) et par des modèles théoriques généraux (psychanalyse, cognitivisme, phénoménologie, systémique…) qui permettent l'interprétation des phénomènes concrets. Comme tout discours scientifique en Sciences Humaines, la psychologie clinique utilise des modèles théoriques qu'elle ne produit pas elle-même.

1. Les objets théoriques

Le champ théorique de la psychologie clinique a été d'abord constitué du domaine de la psychopathologie clinique étendu aux manifestations psychologiques des différentes formes de souffrance. Ces objets traditionnels ont été complétés par ceux appartenant aux situations d'interaction et d'implication sans qu'il y ait de référence à la pathologie : psychologie de l'éducation, de l'enfant et de l'adolescent par exemple. La psychologie clinique pourrait ainsi être productrice d'une théorie de phénomènes appartenant au registre de la normalité (développement, processus de changement et de réalisation…). Mais elle n'est pas la seule à traiter de certains objets : la pathologie mentale fait tout autant l'objet d'une réflexion psychiatrique, psychanalytique, neurobiologique… que psychologique.

1.1 La pathologie mentale et les troubles du comportement

Le noyau historique de la psychologie clinique est formé par les différentes formes de la souffrance psychique : « pathologie mentale », « troubles du comportement » qui correspondent à une partie du champ de la psychopathologie.

a) Définition, description de la pathologie mentale

La souffrance psychique est multiple, elle peut être transitoire ou constante, entraîner de sévères limitations de l'existence et des rapports interpersonnels ou rester discrète, réactionnelle ou chronique… La psychiatrie, la psychopathologie et la psychologie clinique ont, pour rendre compte de cette diversité, tenté de produire des formes typiques (maladies, troubles, syndromes, structures, processus…) reconnaissables à partir d'éléments, et pouvant faire l'objet d'une recherche des causes (étiologie), de la constitution du trouble (pathogénie), de sa fonction et de son sens. La démarche classique sur laquelle se fonde la psychologie clinique suppose donc l'existence de taxinomies permettant l'information, la communication scientifique et clinique mais aussi le diagnostic et la prédiction (pronostic). En psychologie clinique, l'utilisation des classifications doit être pondérée par l'exigence de ne pas réduire le sujet à un nom et de comprendre ses particularités. Si la psychiatrie raisonne en termes de *maladie* (entité définie par la stabilité d'un groupe de signes et se distinguant radicalement d'une autre), ce qui nous intéresse ce sont les mécanismes psychologiques qui caractérisent telle entité (par exemple les modalités d'expression des schizophrènes) et, dans la pratique, les particularités du sujet qui en est atteint.

Aussi la psychologie clinique suppose-t-elle la connaissance des classifications (*nosologie*), mais ses représentations théoriques s'intéressent avant tout aux mécanismes psychologiques des troubles présentés par le sujet. Naturellement le terme « maladie » donne lieu à de nombreuses interrogations. Une maladie est autant une expérience subjective de malaise, d'atteinte et de limitation, qu'une modification de la personne et du corps et un rôle social comportant des droits et des devoirs. En médecine, l'idée de maladie comporte une conception précise : elle a son origine dans une ou un ensemble de causes univoques et se reconnaît à un ensemble de signes.

Le *signe* n'a d'importance qu'au regard d'une conception de la maladie (ex : la dissociation est un signe de schizophrénie, mais ces termes n'ont de sens que pour l'observateur qui connaît le caractère pathognomonique de la dissociation). La *sémiologie* – ou *séméiologie* – est l'ensemble des signes permettant de reconnaître, de décrire une maladie ou un état (ex : « je dors mal » est un symptôme, il sera nommé « insomnie » ou « trouble du sommeil » ; il peut être le signe d'un état anxieux ou d'un état dépressif. Le travail sémiologique consiste à caractériser ce signe et à rechercher les autres signes du tableau : insomnie de début ou de fin de nuit ? cauchemars ? Est-elle accompagnée de pessimisme, de ralentissement, d'anxiété ?). À l'exception de quelques situations, *un signe isolé n'a aucune valeur diagnostique*, il n'a d'importance qu'associé à un tableau (ensemble de signes).

Mais la psychologie clinique, tout en gardant fréquemment la terminologie psychiatrique (névrose, psychose, troubles du comportement, etc.), s'intéresse avant tout aux structures, aux processus et aux mécanismes de défense, éléments qui rétablissent l'idée d'une dynamique des processus psychiques. La « structure » (qui peut être spécifiée en « hystérique », « obsessionnelle », « psychotique », « perverse », etc.) désigne l'organisation fondamentale des processus psychiques qui peuvent s'actualiser (ou non) dans l'apparition de symptômes. Son principal intérêt est de dépasser le niveau du « visible », des « faits », pour cerner ce qui les détermine ou ce qui leur fait prendre sens. Ainsi, les mêmes signes, les mêmes symptômes, pourront posséder une valeur différente selon la structure dans laquelle ils prennent place. La notion de structure présente toutefois une difficulté dans la mesure où son aspect inconscient, invisible, fait qu'elle doit être inférée à partir des discours du sujet. Lorsqu'on pose la question de la structure ou des mécanismes de défense, on se situe donc dans le registre psychologique de la maladie mentale, quelle que soit son origine. Les mécanismes de défense sont des opérations dont la finalité est de réduire ou de supprimer toute modification susceptible de mettre en danger l'intégrité et la constance de l'individu, dont, notamment, l'angoisse. L'étude des *mécanismes de défense* peut être effectuée à partir de l'entretien et/ou de tests projectifs. Parmi les plus « connus », on peut citer le déni, la projection, l'isolation, l'annulation rétroactive, l'identification projective, la régression… Certains de ces mécanismes se retrouvent préférentiellement dans certaines entités (refoulement et névroses, rejet et psychoses…).

b) Les classifications

Il existe de nombreuses classifications, et si aucune n'est vraiment satisfaisante, il est difficile de ne pas y avoir recours. Certaines reposent sur l'existence d'un faisceau de signes, mais d'autres sur les mécanismes internes (intrapsychiques). Le consensus n'est pas toujours retrouvé dans la réalité clinique lorsqu'il s'agit de l'analyse des processus et des positions subjectives, difficulté qui tient à ce que : « […] depuis toujours, deux modèles différents ont été utilisés plus ou moins simultanément dans l'établissement des classifications des maladies mentales. Le premier modèle repose sur la description des symptômes, alors que le deuxième fait appel à la notion de maladie. Le recours aux deux modèles à la fois a ainsi conduit à des classifications mélangeant une nomenclature syndromique et une nosologie étiologique » (Pull & coll, 1976). Le DSM-

IV est une classification syndromique, les classifications psychanalytiques sont étiologiques. Traditionnellement, on adoptait en France une classification qui, bien que syndromique, supposait une continuité, pour certaines maladies comme les névroses (hystérie, névrose obsessionnelle, névrose phobique) et les psychoses (schizophrénie, délires chroniques), entre la sémiologie et les processus psychopathologiques. À chaque maladie on attribuait une interprétation psychopathologique spécifique.

Pour éviter les difficultés liées aux contradictions entre les classifications, l'Organisation mondiale de la santé (avec la Classification Internationale des Maladies : CIM-10), l'*American Psychiatric Association* (l'APA) ont forgé des classifications purement syndromiques. Le *Diagnostic Statistical Manual III* (et la nouvelle version le DSM-IV-TR) réalisé par l'A.P.A. propose une classification *multiaxiale* dans laquelle la pathologie est définie à partir de cinq axes :

– axe 1 : troubles psychiques,
– axe 2 : troubles de la personnalité,
– axe 3 : maladie organique,
– axe 4 : sévérité des facteurs de stress psychosociaux,
– axe 5 : niveau d'adaptation et de fonctionnement le plus élevé dans l'année écoulée.

Il fournit à la fois des critères d'inclusion et des critères d'exclusion ainsi que des arbres diagnostiques. Cet outil se veut « athéorique » et purement descriptif, correspondant à un consensus entre psychiatres. On mesure son intérêt pour la recherche (standardisation) et les aspects économiques de la psychiatrie, mais aussi ses nombreuses limites. Son aspect « catalogue » ne répond pas à l'expérience clinique et limite arbitrairement l'analyse psychopathologique et la recherche du sens.

Si la psychologie clinique doit connaître et parfois utiliser ces classifications syndromiques, ce sont surtout les outils faisant référence aux mécanismes qui l'intéressent ; il s'agit souvent de classifications qui se réfèrent à la psychanalyse. Elles reposent non pas sur des signes extérieurs mais sur l'origine (œdipienne dans les névroses *vs* non œdipienne), les mécanismes de défense, la structure (névrotique *vs* psychotique *vs* perverse), le type de relation d'objet (fusionnelle *vs* anaclitique *vs* génitale), le mécanisme fondateur (refoulement *vs* déni *vs* projection ou identification projective ou forclusion ou rejet)... Le projet de ces nosologies est de rompre avec l'attitude descriptive pour soutenir une position *interprétative*. Les entités impliquent une organisation spécifique qui permet d'interpréter les symptômes, de leur donner un sens et de guider la thérapie.

Les conceptions de Bergeret opposent ainsi trois groupes en fonction du type d'angoisse, du type de relation d'objet et des mécanismes de défense. Il place entre névrose (angoisse de castration, relation d'objet génitale et refoulement) et psychose (angoisse de morcellement, relation d'objet fusionnelle, déni, dédoublement du moi) le groupe des « états-limites » (angoisse de perte d'objet, relation anaclitique, dédoublement des images, forclusion) qui permet de rendre compte de certains états dépressifs, de troubles du caractère ou du comportement. On pourrait trop vite imaginer qu'il y a complémentarité entre les classifications syndromiques et celles qui résultent d'une explication des symptômes. Mais, bien qu'employant parfois les mêmes concepts, les classifications syndromiques (qui sont des *taxinomies*) et les classifications étiologiques (qui sont des *typologies*) ne parlent pas forcément de la même chose ; l'image que la psychanalyse donne de la névrose obsessionnelle ne correspond pas strictement à la définition que le DSM-IV donne du « Trouble Obsessif-Compulsif », par exemple. La question est celle du rapport entre le signe et la structure ; même s'il peut exister une continuité, elle n'est pas systématique.

c) La place de la psychologie clinique et les principes étiologiques

Décrire, regrouper des entités et spécifier leurs formes cliniques n'est pas un but en soi, mais répond à plusieurs finalités : se représenter les difficultés d'un patient, prévoir certaines éventualités, communiquer entre praticiens, réaliser une indication thérapeutique, mais aussi produire une connaissance théorique (cause, mécanismes, évolution...) sur un trouble. Le problème est d'autant plus important que règne dans le champ de la maladie mentale une opposition entre les tenants d'un organicisme renouvelé par la psychiatrie biologique, les neurosciences et les tenants d'une psychogenèse des troubles qui s'appuient sur la psychanalyse.

La recherche des conditions qui provoquent un trouble psychique est, en psychologie clinique, rendue difficile car le champ de la pathologie articule des modèles de causalité parfois systématiques et finalement simplistes, confondant les niveaux d'expérience et d'intervention. Un trouble est un phénomène complexe qui atteint un sujet et produit des effets repérables à différents niveaux : somatiques, comportementaux, cognitifs, affectifs, subjectifs, discursifs, etc. Aussi, quelle que puisse être l'origine première du trouble, l'articulation des différents facteurs peut impliquer une analyse en termes psychologiques de certains phénomènes. L'objet psychologique est à redéfinir non pas en fonction de la cause mais bien de ce qui est psychologique, que ce soit la réaction du sujet ou la détermination psychologique de certains phénomènes. L'exemple des troubles organiques montre que la psychologie clinique est parfaitement opérante pour analyser les manifestations psychologiques. Si la psychologie clinique est l'étude du rapport du sujet à sa situation, des processus psychologiques impliqués dans les troubles et des déterminants psychologiques, il lui est tout à fait possible de s'intéresser aux faits pathologiques en dehors de toute référence à l'étiologie.

1.2 Nouveaux domaines

L'évolution de la *pathologie*, de la demande sociale et des intérêts de la psychologie clinique a entraîné la naissance de nouveaux objets tant théoriques que pratiques. Ceux-ci peuvent être définis en fonction des thèmes (aide aux mourants, handicap, marginalité, etc.) mais aussi des lieux d'intervention (crèche, hôpital général, prison, etc.), voire par des moments du développement (nourrisson, adolescent, sujet âgé...). Dans un souci didactique, nous regroupons ces nouveaux domaines en trois rubriques : la santé, le développement et l'éducation, la société. Certains objets peuvent naturellement appartenir à plusieurs de ces rubriques et l'on doit distinguer ce qui correspond aux lieux professionnels d'intervention et les objets théoriques qui sont actuellement porteurs de recherche et de connaissances. Même si ces deux ensembles se recouvrent, certains lieux d'intervention pratiques ne font pas encore l'objet de réflexions théoriques et de recherches, de même que certaines théories peuvent ne pas être liées à une activité pratique.

a) La santé

Une grande partie de ce domaine correspond à celui de la psychiatrie, mais depuis plusieurs années les psychologues cliniciens n'interviennent plus seulement dans les services et secteurs de psychiatrie où ils réalisent des bilans, des psychothérapies et des interventions institutionnelles en lien avec les conceptions psychopathologiques et cliniques citées précédemment. Ils travaillent aussi à l'hôpital général auprès de malades atteints de troubles organiques ou handicapés, de leur entourage, voire du personnel soignant ; cette particularité se retrouve dans les derniers ouvrages de psychologie clinique (Séchaud, Schauder) qui laissent de côté l'univers psychiatrique pour se consacrer aux autres thèmes : gérontologie, cancérologie, hôpital général, soins palliatifs, addictologie, maternité. Mais on peut aussi mentionner les services d'urgence, les réanimations, les services d'IVG, de fécondation artificielle, de traumatologie, de pédiatrie, d'algologie (douleurs) et les différents services de spécialité (pneumologie, cardiologie, chirurgie…).

• *Les malades, les familles et les soignants*

La psychologie clinique s'intéresse aux sujets atteints d'un trouble organique dont le cours, les conséquences, le traitement sont sources de difficultés pour les patients et pour leur entourage. Parmi les patients, on trouve les malades atteints du SIDA, les malades bénéficiant d'une thérapeutique de suppléance (dialyse, oxygénothérapie, pacemaker, prothèses…), les malades faisant l'objet d'une greffe, ceux présentant des douleurs importantes (brûlés, « douloureux chroniques »), les malades atteints d'un cancer (effets du diagnostic, du traitement, conséquences des mutilations chirurgicales…), ceux dont les troubles peuvent être réactivés par des difficultés psychologiques, les malades soumis à des traitements de longue durée nécessitant une observance stricte (diabète insulino-dépendant par exemple), les malades dont le trouble entraîne des restrictions de la qualité de vie (sclérose en plaques, myopathie…) et dont le pronostic vital est réservé, etc. La technicité médicale, notamment dans le domaine de la procréation (FIV), de la génétique, de la réanimation, de la chirurgie implique aussi l'intervention des psychologues ; certains actes chirurgicaux (chirurgie esthétique, changement de sexe…) dépendent d'un protocole où le psychologue a sa place. Enfin, le domaine du grand âge et de ses conséquences (fréquence des troubles cognitifs, des limitations motrices, des pathologies démentielles, soins aux mourants…) mobilise aussi les psychologues cliniciens.

Les interventions peuvent porter sur le sujet lui-même, sur son entourage familial, lui aussi atteint par les contraintes de la maladie, et sur les soignants (médecins, infirmières, autres paramédicaux) qui, confrontés à des situations dramatiques, ont besoin de lieux où ils peuvent parler et où leurs attitudes, leurs représentations peuvent être discutées. Pour les malades, l'intervention peut porter sur la manière dont ils « vivent » la maladie et le traitement, sur les transformations des représentations et de l'économie psychique que provoque la rencontre avec la maladie et l'institution médicale. La psychologie clinique s'intéresse aux rapports que le patient entretient avec sa condition de malade, occasionnellement à la manière dont il participe à l'apparition, au maintien, ou à l'aggravation de sa maladie. Certes l'origine de la maladie somatique est de nature biologique, mais le rôle du psychologue est de restituer les dimensions psychologique, culturelle et sociale dans la genèse ou l'évolution de la maladie. La science n'a pas le monopole des théories explicatives : les malades édifient aussi, en rapport avec des conceptions culturelles, des théories (« maladie-du-malade ») qui rendent compte de l'intériorité corporelle, des relations entre les organes, des sensations et des causes (événementielles, magiques, traumatiques, psychologiques, biologiques…) de la souffrance.

Un exemple : les soins palliatifs

Cette pratique a acquis une grande importance ces dernières années, elle est fréquemment citée par les ouvrages de psychologie clinique (Séchaud 1999, Schauder 2004). Dans les équipes de soins palliatifs, la proximité de la mort, les avatars du « travail du trépas », la présence de la douleur, la maladie elle-même, entraînent des phénomènes de clivage, de culpabilité, de régression, de déni de la perte, de fantasmes de réparation, de déliaison… tant chez les personnes que dans l'entourage familial ou soignant, psychologues inclus. L'intervention du psychologue concerne d'abord les patients (fonction d'évaluation de la douleur, de la souffrance subjective, de la symptomatologie psychologique, fonction d'accueil et d'écoute de sa souffrance, fonction de création, maintien des liens, accompagnement et facilitation des processus spontanés associés à la mort : désinvestissement objectal, surinvestissement d'une personne proche, travail de deuil des objets, des attributs et de soi). La pratique du psychologue concerne aussi les familles : soutien, préparation aux échéances probables mais non certaines (décès), expression des émotions, accompagnement du travail de deuil… Enfin, ses interventions auprès des soignants visent à faciliter et recueillir l'expression de la souffrance des soignants (confrontation à la mort, paradoxe du rôle, identification au malade et à sa famille, conditions extrêmes de travail…), à les aider à comprendre et à aménager leurs mécanismes de défense ; l'écoute des équipes (groupes de paroles), la mise en place de meilleures conditions, la mise en place de situations facilitant la prise de conscience et l'expression, sont des moyens qu'il peut utiliser.

• *La psychologie de la santé*

Cette discipline récente (1985) est distincte, mais certains de ses aspects correspondent à ceux de la psychologie clinique. Elle a pour objet l'étude des facteurs et des processus psychologiques jouant un rôle dans la survenue et l'évolution des maladies somatiques (pathogenèse multifactorielle des maladies). Elle contribue en outre à promouvoir des comportements et des modes de vie plus sains, la prévention et le traitement des affections ainsi que l'amélioration de la prise en charge. Ses travaux et interventions peuvent porter sur la prévention avec des méthodes d'intervention et d'évaluation, les comportements à risques, les changements d'habitudes de vie, les stratégies de *coping* (ajustement), les systèmes de croyances, les réactions à la maladie. Une partie de ses préoccupations correspond à celles de la psychologie clinique, notamment lorsqu'il s'agit d'interventions auprès d'individus malades, de prise en charge, de soins. Mais une autre part, notamment l'épidémiologie (étude de la distribution des troubles et de leurs associations avec certains phénomènes sociaux, biologiques et psychologiques), les régulations psychobiologiques ou la psycho-immunologie (étude des rapports entre les phénomènes immunologiques et psychologiques), les modèles et pratiques qui, s'éloignant du sujet en répétant la démarche médicale, supposent des collaborations avec des spécialités scientifiques dont les méthodes et les conceptions de l'homme sont éloignées de celles de la psychologie clinique.

• *La neuropsychologie*

Elle étudie les relations entre le fonctionnement cérébral et les phénomènes psychologiques, normaux ou pathologiques et constitue une discipline autonome, mais une partie de ses activités pratiques et de ses objets théoriques est commune avec la psychologie clinique. Les troubles du langage (différents types d'aphasie, oubli du mot…), les agnosies, les apraxies, les troubles de la mémoire, les troubles moteurs, la perception de l'espace, la lecture, le calcul mental, les troubles de l'expression des émotions… sont des objets de la neuropsychologie qui intéressent les cliniciens. Les interventions cliniques et rééducatives portent sur des patients cérébrolésés, ou atteints de démence, mais aussi sur des personnes atteintes d'une maladie mentale (schizophrénie par exemple) dans laquelle certains troubles (raisonnement, communication, langage…) nécessitent une étude neuropsychologique. L'approche de ces patients implique une perspective diagnostique et thérapeutique portant sur le symptôme, mais aussi une approche singulière du sujet. Les conceptions théoriques de la neuropsychologie cognitive ne sont pas systématiquement contraires à celles de la psychologie clinique. Tant pour la psychologie clinique que pour la neuropsychologie, il est essentiel que l'on admette qu'il existe des troubles (isolables, à décrire, faisant l'objet d'une thérapeutique ou d'une rééducation) qui atteignent des personnes (c'est-à-dire des sujets possédant une histoire, une économie psychique, des conceptions, des investissements spécifiques) affrontés à certaines situations : l'aide psychologique se situe aux deux niveaux (symptôme et relation avec le symptôme).

b) Développement, éducation, rééducation

La psychologie clinique s'intéresse beaucoup aux premiers mois de la vie (Schmid-Kitsikis), mais ses travaux sur le développement de l'individu débordent le domaine de l'enfance pour s'orienter vers tous les âges de la vie. Il ne s'agit pas seulement de la pathologie liée à ces périodes, mais aussi du développement normal perçu à partir de la méthode clinique et en référence aux aspects affectifs et émotionnels. Piaget, Wallon avaient montré le chemin.

Le domaine des *interactions précoces* est le plus connu. S'il paraît maintenant que le « bébé est une personne » (Brazelton), cette « découverte » ne s'est pas faite sans mal, et sans opposition. Les cliniciens se sont particulièrement intéressés à la communication entre l'enfant et la mère et surtout à leurs échanges fantasmatiques, en ne limitant pas leurs travaux au bébé mais en les étendant vers l'enfant plus âgé. L'intérêt pour les moyens d'expression et de communication a eu pour conséquence l'introduction de psychologues dans des maternités, des services de pédiatrie ou dans des crèches et dans les services de Protection Maternelle et Infantile. Leurs actions ne se cantonnent pas à la pathologie mais concernent tous les enfants.

Les différents *âges de la vie* et leurs difficultés font aussi l'objet de réflexions. L'adolescence, les contraintes de l'âge adulte, la « crise du milieu de la vie », l'approche de la sénescence, la vieillesse, le grand âge représentent des problèmes spécifiques auxquels s'attachent la psychologie clinique, en tant que discipline, et les psychologues cliniciens en tant qu'acteurs. Ces moments possèdent leurs pathologies propres (passage à l'acte et manifestations psychotiques de l'adolescence, manifestations anxieuses ou dépressives inhérentes aux événements de la vie adulte, troubles cognitifs et affectifs de la sénescence…), mais l'intérêt se porte aussi sur le développement normal.

La psychologie clinique intervient aussi dans l'éducation, au sens large, c'est-à-dire au-delà même de l'École dans laquelle les psychologues scolaires et les conseillers d'orientation psychologues peuvent aussi avoir des compétences de psychologue clinicien. Les situations d'éducation existent maintenant à tous âges et peuvent concerner un enseignement initial (transmission de connaissances), les sujets demandeurs d'une formation, ou même des sujets en difficultés sociales et personnelles (chômage de longue durée). Certaines de ces situations font directement appel aux cliniciens puisqu'il s'agit de la transmission d'un savoir dont ils sont les promoteurs (techniques d'entretien, d'écoute, d'intervention…) ; d'autres les intègrent au titre d'une collaboration permettant d'affiner les procédures de transmissions, de s'adapter au public concerné, de connaître les raisons des limites et les échecs. On rencontre fréquemment des psychologues cliniciens dans la transmission des informations médicales à des patients victimes de troubles organiques, de la formation au sens large du terme, et auprès des sujets en difficultés scolaires et/ou sociales.

c) La société et le rapport aux institutions

Les institutions, leurs modes de fonctionnement et leurs conséquences sur les individus ou les groupes constituent un des objets : analyse des effets des institutions dans lesquelles exerce le psychologue ou bien à l'intérieur desquelles se trouvent les sujets auxquels s'intéresse la psychologie clinique (hôpitaux, lieux d'éducation, de rééducation, de formation, de détention, d'accueil…). La *psychothérapie institutionnelle* a représenté un mouvement essentiel de réflexion sur la fonction soignante des institutions psychiatriques et une tentative de modification de leur fonctionnement. Toute institution est productrice d'une forme de chronicité et en certaines occasions sécrète sa propre pathologie et empêche la réalisation des objectifs.

L'institution judiciaire et celles qui collaborent avec elle (Aide Éducative en Milieu Ouvert notamment) constituent un champ important suscitant de nombreux problèmes dans l'approche tant des victimes que des prévenus, des détenus que des condamnés ou encore des enfants et adolescents délinquants. La pratique de l'*expertise* judiciaire implique un examen médico-psychologique auquel le psychologue est amené à participer ce qui, eu égard aux conséquences, nécessite une rigueur théorique, méthodologique et éthique sans faille. Par ailleurs, il y a dans les institutions pénitentiaires, notamment dans les S.M.P.R. (structures pénitentiaires chargées d'accueillir les détenus malades), des psychologues qui exercent comme dans les hôpitaux mais avec une population différente et surtout dans un cadre spécifique possédant ses propres contraintes. Les victimes peuvent faire l'objet d'interventions psychologiques dans un registre évaluatif et thérapeutique : les victimes d'agression, de sévices (y compris les sujets victimes du terrorisme d'état et se réfugiant en France), les enfants maltraités, représentent des situations très différentes sur lesquelles se penche pratiquement et théoriquement la psychologie clinique.

Les *difficultés sociales* entraînées par la crise peuvent avoir des retentissements individuels. Les populations victimes de cette crise (exclusion, précarité, dénuement) présentent parfois des difficultés psychologiques et une incapacité à faire face aux problèmes autrement que par des réactions d'abandon et d'autodestruction lente : il y a ainsi, parmi les chômeurs de longue durée ou les « SDF », des sujets pour lesquels les aides sociales sont complétées par un soutien psychologique leur permettant de faire face à une situation dramatique et d'éviter les contre-attitudes qui risquent de les pousser dans la répétition des difficultés ; en outre, la recherche d'emploi, la réintégration dans les réseaux sociaux, passé un temps de désinsertion, supposent un ensemble de stratégies personnelles et la restauration d'automatismes et de compétences, ce qui nécessite une aide.

Enfin, les *transplantations culturelles* et les phénomènes d'*acculturation* suscitent l'apparition de nouvelles pathologies et rendent inopérantes, pour certains immigrés, les techniques psychologiques communément employées. L'ethnopsychiatrie s'est d'abord intéressée à la représentation et au traitement de la maladie mentale dans d'autres cultures, mais elle s'oriente maintenant vers la production de nouvelles prises en charge adaptées aux patients transplantés dans une autre culture (cf. Nathan, 1986). Ces patients proviennent de cultures dans lesquelles existe un savoir empirique sur la folie et des pratiques soignantes, auxquels ils adhèrent ; confrontés à nos conceptions scientifiques et cliniques, leur malaise ne fait que croître, ce qui a entraîné la mise en place de techniques permettant de les restituer en tant que sujets dans un cadre thérapeutique cohérent avec leur expérience. Ce type d'intervention, que ce soit dans un cadre strictement psychiatrique ou dans celui de l'aide aux personnes en difficulté, est appelé à se développer du fait de l'importance des migrations.

Le domaine d'intervention de la psychologie clinique, activité pratique ou discipline théorique, comprend donc de multiples champs qui ne se limitent ni à l'approche des sujets atteints de troubles mentaux ni à la stricte référence à la dimension individuelle. Elle s'intéresse à des sujets, à des situations, qui impliquent qu'elle sorte d'un monolithisme théorique réducteur et qu'elle dialogue avec d'autres sous-disciplines de la psychologie et d'autres problématiques. Il serait impensable que la pratique clinique, si ce n'est la théorie, se désintéresse des problèmes neuropsychologiques (cf. Sacks, 1985), de ceux de l'éducation ou de la psychologie de la santé. Si la psychologie clinique est bien historiquement une pratique proche du malade, se référant à la singularité, elle ne peut éluder certains problèmes posés par les patients, par leur entourage (famille, soignants, intervenants…) et qui concernent précisément son champ. Il n'y a là aucune incompatibilité entre la psychologie clinique et d'autres secteurs si l'on admet qu'en tant que discipline empirique, elle ne saurait se référer à un paradigme unique et se limiter à la seule approche thérapeutique.

2. Le travail concret du psychologue clinicien

Selon les lieux de travail, les patients et les conceptions du psychologue, ses activités peuvent varier. On peut cependant les regrouper autour de trois pôles : l'évaluation et le diagnostic, la pratique des thérapies ou des rééducations, le conseil et l'intervention institutionnelle. Il est rare qu'une même personne se consacre à tous ces pôles mais ils représentent les points fondamentaux du travail *des* psychologues. Encore conviendrait-il d'y ajouter l'activité de recherche et de formation des autres psychologues, voire des autres professionnels avec lesquels il travaille.

2.1 L'évaluation et le diagnostic

Nous ne discuterons pas ici de la pertinence du terme *diagnostic* et de son usage en psychologie clinique : diagnostiquer signifie reconnaître un état et il existe des situations où il s'agit de « diagnostic » au sens le plus strict. En psychologie clinique, comme ailleurs, le diagnostic doit permettre de décrire une personne et les problèmes qu'elle présente, de classer le problème, de définir sa forme spécifique ainsi que ce dont il se différencie (diagnostic différentiel), d'étudier le développement, l'origine et les mécanismes des troubles, de faire un pronostic et de poser une indication.

Mais souvent, le terme de diagnostic est employé d'une manière plus large ; il ne s'agit pas seulement de reconnaître une maladie mais aussi les particularités de l'économie psychique d'un sujet. Le terme avait d'ailleurs été maintes fois avancé par Lagache qui considérait que le diagnostic était l'activité principale de la psychologie clinique. Il lui donnait un sens large en y voyant : « l'interprétation raisonnée de données particulières en fonction des relations générales dont se compose la science psychologique et la discipline qui correspond spécifiquement au domaine d'application en cause » (1949c, p. 298). Il estimait qu'il devait répondre à deux conditions : ramener le cas individuel à des relations générales empruntées à son savoir théorique et adapter le jugement aux particularités du cas (1949a). La notion d'*évaluation* a été proposée pour prendre de la distance avec la référence médicale et pour assurer une dimension plus extensive de l'analyse. Huber considère que le diagnostic est le « résultat final d'un processus complexe au cours duquel le psychologue clinicien cherche des informations sur une personne et les élabore en vue de cerner les problèmes de celle-ci et leurs causes, de décider s'il y a lieu d'intervenir et comment, et d'évaluer les interventions et leurs effets » (1993, p. 128). Mais il préfère parler d'évaluation psychologique pour souligner que l'opération ne se limite pas à utiliser une classification des pathologies et à y intégrer les troubles du sujet mais vise « à décrire en plus toute la dynamique individuelle, le jeu des forces, faiblesses, déficits et fonctions adaptatives, qui déterminent ce comportement individuel et son évolution » (*ibid.*, p. 129).

Pour éviter les débats stériles, il conviendrait de réfléchir aux objets et aux niveaux du diagnostic et de stipuler que le diagnostic clinique du psychologue ne s'intéresse pas seulement à la maladie du sujet, pour autant qu'il en présente une. La notion de « niveaux de diagnostic » montre que celui-ci, en tant qu'opération cognitive de reconnaissance et de nomination d'un phénomène, suppose le recueil de différents types d'informations (ce que permet le « bilan psychologique ») et leur traitement en fonction d'objectifs comme : le diagnostic de la maladie, du type de personnalité, du raisonnement, l'évaluation des processus psychopathologiques, des compétences de l'entourage et des modes de communication… Si une étude de cas complète peut nécessiter l'ensemble de ces niveaux, il est plus probable que le clinicien se contente, selon sa mission, d'une partie de ceux-ci. Si en médecine, le diagnostic est celui de l'Avoir, d'un attribut (maladie ou syndrome ou trouble), en psychologie clinique la principale question est celle du sujet, de l'Être, l'attribut étant secondaire : il faut d'abord axer le diagnostic sur l'individu, ses difficultés et ses capacités, ce que ne fait pas la psychiatrie. Mais le psychologue est aussi compétent pour reconnaître un trouble formulé en termes de classifications extra-psychologiques : psychiatriques, neurologiques, etc.

a) Procédure (idéale) de diagnostic

• *Niveau sémiologique*

La démarche du diagnostic au sens strict, c'est-à-dire fondé sur une analyse sémiologique, correspond à une acquisition d'informations (transformation de ce que dit le patient en signes), au regroupement des signes en un tableau cohérent et ordonné (tenant compte à la fois des signes présents et de ceux qui sont absents), à la recherche d'autres signes (dont ceux des troubles de personnalité) qui amène une hypothèse concernant la maladie, à la discussion de cette hypothèse, à la formulation du diagnostic, à l'élimination des autres diagnostics possibles, à la recherche de la forme clinique. Ce type de diagnostic consiste en une reprise de tous les signes qui se repèrent autant dans ce que dit le malade que dans la relation, voire dans des informations extérieures. Cette analyse doit nécessairement reprendre : la présentation du patient (âge, situation…), le motif de consultation, les antécédents personnels et familiaux, l'anamnèse, l'histoire des troubles (incluant les événements récents), la nature de l'épisode actuel (analyse sémiologique complète de l'épisode), la sémiologie des troubles de la personnalité, la sémiologie des mécanismes de défense (au sens psychiatrique), les éléments médicaux, et selon le moment où le bilan se situe, l'évolution. Cette lecture aboutit à un *regroupement syndromique* qui va permettre la discussion du diagnostic (en termes de maladie). Elle suit les lois habituelles du diagnostic médical et procède donc à une production des signes et à une transformation (réduction) des symptômes en signes. À ce niveau, peuvent intervenir des échelles d'évaluation, voire des questionnaires de personnalité.

Cette démarche diagnostique correspond plutôt à l'activité du psychiatre qui, une fois la maladie et la forme clinique diagnostiquées, prescrit un traitement et, peut-être, des mesures institutionnelles. Mais dans quelques cas, le psychologue est amené à réaliser cette activité soit de manière occasionnelle (patient rencontré en dehors de tout contexte médical), soit systématiquement pour certains sujets (présentant une débilité ou des troubles cognitifs), soit en complément d'une intervention psychiatrique. Mais, même si la spécificité de l'action évaluative ou diagnostique du psychologue se situe à un autre niveau, il est impératif qu'il connaisse la démarche de ceux avec qui il travaille et qu'il puisse communiquer avec eux.

• *Le « diagnostic » des processus : l'analyse clinique ou psychopathologique*

Il correspond à une tentative de restituer la dynamique d'un sujet, son type d'angoisse, ses défenses, ses investissements, ses modes de résolution des conflits, sa subjectivité et son histoire. Cette approche s'inscrit très clairement dans la perspective clinique que Lagache tentait de promouvoir. Elle peut se composer de plusieurs niveaux qui correspondent à des modes de lecture différents tenant à des références théoriques distinctes.

– Étude de la *dynamique des processus* (métapsychologie). En reprenant le schéma traditionnel, la démarche serait : étude du *symptôme* et de la *demande*, étude des *mécanismes de défense*, étude du type de *relation d'objet*, étude des *formes* et du *type d'angoisse*, étude des modes d'*investissements libidinaux*, étude de la nature du *conflit* (le Rorschach est, en complément de l'entretien, un outil essentiel), analyse de la relation avec l'interlocuteur.

– Analyse de l'*histoire du sujet*. Elle s'appuie d'abord sur le récit de la vie du sujet telle qu'il la raconte, en relevant des « faits saillants » (événements) et la manière dont il les interprète. À un premier niveau, on reconstitue le passé, sa densité, son vécu, et l'on prête attention aux *liens temporels* établis dans la linéarité de l'histoire, liens établis par le sujet, mais aussi par nous. Mais, à un second niveau, il s'agit d'une analyse *synchronique* puisque l'on s'intéresse à ce que dit le sujet au moment où il parle et à la manière dont il construit, avec nous, cette histoire. On sera aussi attentifs aux répétitions de son histoire, ainsi qu'aux zones inabordables : le lien n'est plus simplement un lien entre les événements mais entre les paroles, les symboles qu'elles agencent.

– Étude de la *structure*. Selon les paradigmes auxquels on se réfère, ce point peut se confondre avec l'analyse du fonctionnement d'un sujet ou bien être totalement différent (de quel type d'invariants procède le discours du sujet ?). Définir la structure n'est toutefois pas suffisant, la question est celle de la singularité, c'est-à-dire des modalités de cette structure chez le sujet. On peut par ailleurs considérer que l'analyse de la structure peut aussi s'appuyer sur le repérage des *répétitions* (dans le discours du sujet) et des « représentations électives » (certains propos sont déterminants dans son histoire dans la mesure où ils rendent manifestes des éléments de la structure).

– *Interprétation* clinique. Les éléments précédents doivent aboutir à une analyse clinique des positions du sujet. Cette analyse clinique représente la formulation d'une série d'hypothèses tenant directement compte de la singularité de ce sujet et non un placage de théories ou de modèles généraux.

Parler de diagnostic et d'évaluation, surtout lorsqu'on s'intéresse à la dynamique du sujet, c'est se référer à des théories permettant des *hypothèses* soit sur la pathologie considérée, soit sur la manière dont se constitue le sujet. Ce diagnostic opère à plusieurs niveaux, mais ne constitue pas forcément une réponse. Il faut distinguer le diagnostic qui permet de nommer les symptômes et la maladie, et celui qui permet, en définissant une structure, un mode de fonctionnement, de poser des questions au matériel, de faire des hypothèses à partir de la théorie et de la clinique.

Guy, 18 ans, est amené par ses parents. Il serait devenu *bizarre*, parlant *seul* dans sa chambre, *éclatant de rire sans savoir pourquoi.* Son discours est *incohérent*, on peut y saisir des *idées délirantes : « mon sexe a été mutilé*, des micros *enregistrent* mes *pensées*, je suis *surveillé* par mes parents, mon corps est *détruit* et se *décompose*, on *m'impose des pensées,* on *parle de moi* la nuit mais personne n'entend rien. » D'après les parents, la plupart du temps Guy est *apragmatique.* Depuis plusieurs mois, il avait *abandonné toute sortie, tout contact* avec les autres car il pensait qu'ils voyaient ses *transformations corporelles* et s'*en moquaient.* Il faisait de fréquentes stations *devant le miroir.* L'analyse sémiologique consiste à reprendre les signes principaux (mis en italiques) à les nommer et les regrouper en tableau pour aboutir au diagnostic probable de schizophrénie (forme paranoïde). On reconnaît la discordance (repli sur soi, bizarreries, détachement de la réalité), les idées délirantes de persécution (probable), de négation, d'influence et de transformation corporelle, les hallucinations et peut-être des éléments d'automatisme mental. L'approche psychopathologique clinique s'intéressera aux modalités concrètes du comportement (quel est le sens du repli sur soi) et du discours (quel rapport a-t-il avec son corps, pourquoi peut-on faire intrusion dans sa pensée, qu'exprime-t-il par la modification de son monde extérieur, quelle place occupent ces idées dans son histoire et ses relations avec ses parents, quels mécanismes les produisent, quelle place avons-nous dans son monde ?). L'analyse peut être plus économique en dégageant le type d'angoisse (le morcellement est perceptible), la relation d'objet (fusionnelle, comme l'indique le rapport entre sa pensée et celle des autres), les mécanismes (identification projective, projection, déni de la réalité…). La demande de ce patient demeure actuellement insaisissable. On pourra préciser ces éléments à l'aide de techniques projectives, d'autres entretiens et, en fonction de son attente, on pourra lui proposer une thérapeutique qui complétera la prise en charge médicamenteuse réalisée par le psychiatre.

b) La question du « bilan psychologique »

• *Le bilan psychologique comme moyen de parvenir à un diagnostic*

Pour aboutir à une évaluation, il faut une démarche de production, de recueil et de sélection des informations pertinentes. Les termes de « bilan psychologique » ou d'« examen psychologique » comportent une connotation objectivante, statique, et totalisante et semblent désigner le constat qu'un psychologue peut faire à l'issue d'un examen. En fait, le bilan est l'ensemble des données recueillies grâce aux moyens mis en œuvre. On peut alors le considérer de deux manières : il peut correspondre à une batterie d'examens systématiques, sur le modèle médical, ou bien être adapté au problème posé par l'individu et il respecte alors la logique de l'« étude de cas ». Si l'on admet que la seconde manière est un travail clinique authentique, le bilan représente l'ensemble des techniques permettant la réalisation de l'étude de cas. Ce bilan doit donc rendre possible la (re)connaissance du sujet et de son problème à partir de l'interprétation de comportements, de discours significatifs, et permettre une analyse de la relation.

• *La réalisation du bilan*

Il possède ses contraintes et il existe une forme de systématisation ; le recueil de certaines données paraît indispensable, quelle que soit la situation, si l'on reste dans le cadre d'une institution à vocation soignante. Bien sûr, il en va différemment lorsque le sujet vient lui-même demander à être écouté (psychothérapie) ou lorsqu'il est adressé au psychologue par un autre soignant ; dans ce cadre, l'attention se fixera sur la *demande* du sujet, mais aussi sur les difficultés dont il fait état, sur son histoire et sur la présence d'éléments permettant des hypothèses sur les processus psychiques, voire l'existence d'un état pathologique. Dans la plupart des situations, le psychologue est donc amené à s'entourer d'éléments fiables permettant à la fois d'entendre le sujet, de reconnaître la nature de ses difficultés et de proposer un mode d'intervention. Mais, contrairement à la consultation médicale, les éléments du bilan dépendent des attentes du sujet, de la manière dont il pose le problème et de ce qu'il peut tolérer.

Le bilan est naturellement fort différent selon les catégories de patients. Chez l'enfant, la rencontre qui permet d'établir une relation, d'apprécier ses difficultés et la manière dont il les vit sera complétée par un entretien avec les parents. Il permettra non seulement de recueillir des informations sur l'enfant et sur ses difficultés, mais aussi d'étudier les relations à l'intérieur de la famille, d'établir une relation positive avec les différents membres de la famille et de prendre en compte l'intensité et les formes de la souffrance des parents, souffrance qui peut induire des attitudes aux conséquences préjudiciables.

2.2 Les psychothérapies

Les psychothérapies ne concernent pas uniquement les psychologues et font l'objet de débats portant sur le terme (que signifie thérapie ?), sur l'inclusion de certaines techniques (distinction entre psychothérapie et rééducation) et sur la validation de leur efficacité. Certaines universités étrangères forment les étudiants à des techniques psychothérapiques, mais en France cette formation est extra-universitaire et correspond, pour les psychologues, à une spécialisation postérieure au diplôme. Les débats récents autour du titre de psychothérapeute (cf. loi du 9 août 2004) ont relancé les interrogations. Elle précise en effet que l'usage du titre de psychothérapeute est réservé aux professionnels inscrits au registre national des psychothérapeutes (liste départementale). L'inscription sur cette liste est de droit pour les docteurs en médecine, les psychologues et les psychanalystes. L'avenir dira si, pour les psychologues, d'autres formations complémentaires seront exigées et quel sera le statut des psychothérapeutes non psychologues, ou non médecins, ou non psychanalystes dont le niveau de qualification peut être inférieur à celui des psychologues et des médecins.

Les psychothérapies peuvent être classées selon différents critères : individu ou groupe, verbales ou non verbales, à référence psychanalytique, humaniste, systémique, ou cognitive.

La psychothérapie est l'héritière des pratiques religieuses (chamanisme par exemple), populaires ou savantes (hypnose, « traitement moral » au

XIXe siècle) qui visaient à produire un changement dans les pensées, les comportements ou les discours de sujets malades mentaux et ce par des moyens principalement psychologiques (non exclusivement chimiques ou physiques). Le terme regroupe l'ensemble des méthodes codifiées soutenues par une théorie scientifique, une validation des résultats, qui visent, par des moyens psychologiques, à permettre à un sujet de comprendre et de modifier certains de ses comportements ou de ses pensées dans un sens bénéfique pour lui. Pour les Anglo-Saxons, les psychothérapies doivent répondre à certains critères qui garantissent leur validité : être fondées sur une théorie scientifique de la personnalité, de la pathologie, de la modification des troubles, utiliser une technologie éprouvée, réaliser des évaluations des effets positifs et négatifs, ne porter que sur des états pathologiques ou des troubles du comportement qui sont considérés comme pouvant requérir une intervention, être pratiquées par des personnes formées, compétentes et reconnues. Ces positions ne sont pas à l'abri des critiques et surtout posent des problèmes délicats concernant notamment ce que l'on entend par scientifique et ce qui est une validation acceptable. D'ailleurs, l'effet placebo des médicaments comme l'efficacité symbolique de certaines interventions montrent que la difficulté d'objectivation de l'effet des interventions ne les empêche pas d'exister.

Un des grands débats autour de la définition de la psychothérapie reste l'opposition entre psychothérapies proprement dites et techniques de rééducation ou d'éducation. L'usage du terme médical de « thérapie » qui renvoie au « soin » s'oppose à l'éducatif plus scolaire et non spécifique. La pratique des « thérapies » a d'ailleurs pu, en France, être contestée aux psychologues par la Médecine qui estimait que les thérapeutiques, comme le diagnostic, sont l'apanage des médecins. Au-delà de cette opposition conceptuelle entre la thérapie et l'éducation, se retrouve une différence entre les techniques permettant une connaissance de soi, une révélation du latent, du caché (dont la psychanalyse est le modèle) et les techniques de modifications externes du comportement et des pensées : thérapies cognitivo-comportementales, formes particulières de psychothérapies, reconnues comme telles par l'OMS.

Du fait de l'imprécision des définitions et des conflits de doctrines, il est difficile de donner une liste exhaustive des psychothérapies. Nous ne retiendrons que les plus fréquemment citées.

a) Les différentes psychothérapies

• *La psychanalyse*

Parler de la psychanalyse comme d'une psychothérapie est discutable dans la mesure où elle ne se définit pas comme une technique visant la guérison ou la disparition du symptôme ; Freud le disait, la guérison vient de surcroît… à l'analyse de ses productions (associations libres, rêves, fantasmes) par le sujet. D'autre part, les différentes conceptions (paradigmes) de la psychanalyse n'ont pas les mêmes positions sur ce qu'est la cure et ce que sont ses aménagements techniques tolérables. Mais si la psychanalyse, bien que souvent citée parmi elles, n'est pas une psychothérapie, elle présente indirectement (ce n'est pas son objectif prioritaire) un *effet psychothérapique* reconnu dans certaines affections (névroses de transfert par exemple). En outre, elle représente, pour les autres psychothérapies, un modèle – par son maniement de l'interprétation et de l'*analyse du transfert*, par la définition d'un cadre précis, par la neutralité bienveillante de l'analyste ou encore l'accès aux formations de l'inconscient. Son ouverture aux non-médecins soutenue par Freud, sa capacité à apporter une écoute dans les situations pathologiques et sa rupture avec les conceptions nosologiques et psychopathologiques classiques constituent des éléments déterminants.

• *Les psychothérapies d'inspiration psychanalytique*

Ces psychothérapies, dont les contours et la définition sont assez flous, se caractérisent par des contraintes moindres que celles de la psychanalyse, en termes de position (en face à face), de fréquence, de durée… Elles correspondent donc à des assouplissements, voire des aménagements, tant du cadre que du mode d'intervention ou du niveau de l'investigation, et sont utilisées avec des patients qui ne peuvent faire un travail analytique au sens strict. La forme « classique » qui correspond à un travail en relation duelle est complétée par d'autres techniques : le psychodrame analytique individuel ou groupal qui facilite l'expression des fantasmes grâce au jeu sur un thème, la relaxation psychanalytique qui associe des techniques de relaxation à la verbalisation et à l'association libre, la thérapie familiale psychanalytique. Chacune de ces psychothérapies se réfère au corpus théorique freudien et se centre sur l'émergence et l'interprétation des phénomènes inconscients.

• *Les psychothérapies de soutien*

Elles ne sont pas strictement codifiées et leur but est de permettre un renforcement des capacités adaptatives du sujet et une meilleure efficacité – au moindre coût psychique – de ses mécanismes de défense. Elles passent par une verbalisation des difficultés et peuvent posséder un effet abréactif (libération, soulagement). Elles peuvent viser une amélioration des symptômes, l'augmentation de la tolérance aux frustrations, la capacité de faire face aux difficultés, l'aide dans un passage douloureux (deuil, maladie grave, période de crise…), mais être aussi le préalable à une psychothérapie plus interprétative, le sujet n'étant pas, au moment où s'instaure la psychothérapie de soutien, capable d'envisager autre chose. Leur absence de codification ne signifie pas qu'il n'y ait pas de réflexion ni de garants théoriques (analytiques, phénoménologiques ou autres), mais en tant que techniques elles ne font pas l'objet d'une réflexion systématisée, malgré quelques tentatives. Le soutien est en quelque sorte le terrain de base à partir duquel se constituent les psychothérapies plus élaborées et spécifiques.

• *Les psychothérapies brèves*

Elles sont à l'origine inspirées de la psychanalyse, mais leur diversification actuelle (en rapport notamment avec les conceptions systémiques) implique qu'elles soient traitées à part. Leur particularité est de modifier le cadre (face à face), de définir la durée de la cure, de réduire la fréquence hebdomadaire. Selon les auteurs, l'attitude du thérapeute va de l'« empathie » à la neutralité et de la passivité à une forme d'activité dans les interventions. Pour certains, l'essentiel réside dans la *focalisation* c'est-à-dire la façon de se centrer sur l'aspect le plus important que le sujet évoque dans les premiers entretiens. Cette focalisation permettra un travail d'élaboration qui se centrera sur le problème principal au détriment des autres. L'implication du thérapeute est souvent importante.

• *La relaxation*
Les différentes méthodes visent à produire un état de relâchement musculaire et de détente, la prise de conscience des phénomènes corporels, le contrôle du tonus musculaire ayant des effets sur la vie émotionnelle. Il existe plusieurs courants dans la relaxation : un courant psychophysiologique (méthode de Jacobson) qui porte sur le contrôle des mécanismes physiologiques, un courant psychologique (méthode de Sapir et Réverchon) qui s'intéresse aux conflits, aux phénomènes relationnels et intègre la verbalisation. Selon les techniques, l'accent est mis sur l'imagerie mentale, la détente corporelle, la perception du corps, l'acquisition d'un contrôle tonique, la verbalisation et l'analyse de l'expérience vécue, la fantasmatisation, la prise de conscience de contre-attitudes corporelles. Les indications de la relaxation – seule ou en complément d'une autre technique – sont nombreuses, que ce soit avec des sujets ayant des difficultés psychologiques de verbalisation, avec des malades « psychosomatiques », ou présentant des troubles anxieux.

• *Les psychothérapies de groupe*
Elles regroupent différentes techniques, dont certaines sont inspirées par la psychanalyse et visent à intervenir *sur* un groupe (groupe en dysfonctionnement) ou *dans* un groupe (mais en centrant l'action sur un sujet). Les *psychothérapies de groupe* (différentes formes de « dynamique de groupe ») analysent la dynamique des relations à l'intérieur d'un groupe. Le *psychodrame* consiste en un jeu sur un thème choisi avec l'interprétation des expressions fantasmatiques, des identifications. Il existe une différence entre le psychodrame de type Moreno qui insiste sur l'expression, sur l'abréaction, sur les effets positifs produits par le fait de rejouer en public des scènes du passé et le psychodrame analytique qui s'appuie sur les concepts d'inconscient et de transfert.

• *Les thérapies systémiques*

Elles reposent sur l'analyse des communications et de leurs perturbations dans les groupes naturels et notamment dans la famille (*thérapies familiales systémiques*). Les dysfonctionnements des systèmes de communication (*paradoxalité*) dans lesquels est pris l'individu peuvent être à l'origine de certains de ses symptômes qui prennent un sens dans ce contexte. Des troubles de la communication ont ainsi été repérés par une évaluation qui s'attache aux phénomènes comme, par exemple, la disqualification des messages, (message non confirmé alors qu'il aurait dû l'être), les différents types de paradoxes (injonctions paradoxales consistant à adresser deux messages contradictoires à quelqu'un, le *double-bind…*). L'évaluation des dysfonctionnements du groupe propose des interventions thérapeutiques visant, par l'utilisation de contre-paradoxes par exemple, à permettre aux membres de comprendre leurs modes de communication et de les modifier. Le rôle des psychothérapies systémiques est important dans le domaine des difficultés familiales et institutionnelles et, de ce fait, elles peuvent concerner des pathologies très diverses : délinquance, addictions, comportements violents, états psychotiques… Bien que d'apparition récente, elles sont très fréquemment utilisées en Europe.

• *Les thérapies cognitivo-comportementales (T.C.C.)*

Elles se fondent sur les conceptions comportementalistes et cognitivistes et considèrent les symptômes comme des comportements appris et maintenus par des renforcements. Si les premières thérapies étaient purement comportementales, le cognitivisme, par l'intérêt qu'il porte au raisonnement et au traitement de l'information, a renouvelé les approches thérapeutiques et développé les indications. Les différentes formes de T.C.C. tentent donc de modifier les comportements pathologiques ou les modes de pensée (dans la dépression ou la névrose obsessionnelle par exemple) par des techniques très codifiées, reposant sur un apprentissage (réapprentissage). Les moyens les plus utilisés sont la désensibilisation systématique (technique comportementale de confrontation au stimulus anxiogène et apprentissage d'une autre réponse), l'immersion (autre technique de confrontation au stimulus pathogène), la technique assertive (affirmation de soi), la rétroaction biologique (*bio-feedback*), les techniques cognitives (résolution de problèmes), etc. Leurs indications sont l'agoraphobie, les attaques de panique, les phobies, l'anxiété généralisée, les réactions au stress, les troubles obsessifs-compulsifs, la dépression non mélancolique, les troubles du sommeil, les troubles sexuels et les problèmes de couple. Certaines études considèrent qu'elles sont une bonne indication dans certaines addictions (boulimie, alcoolisme, toxicomanie…) et dans la réadaptation des psychotiques.

• *Les psychothérapies humanistes*

Elles sont d'origine américaine, sont apparues dans les années soixante et sont constituées de techniques qui ont en commun certaines positions. Elles se destinent plus à l'épanouissement de l'individu qu'au traitement d'une maladie mentale, dont elles ne possèdent d'ailleurs pas de théorie définie. Leur armature conceptuelle est souvent faible et elles ne semblent pas avoir d'intérêt marqué pour la théorisation des effets. Elles visent le développement des potentialités individuelles en se fondant sur une conception globale de la vie psychique qui n'est pas réduite à sa dimension intellectuelle. On cite la *Gestalt-thérapie* de Perls (qui tend à la prise de conscience globale de l'expérience de l'homme), l'analyse transactionnelle de E. Berne (qui correspond à une analyse du Moi à partir des scénarios de vie, de l'analyse des transactions interpersonnelles et permet des décisions de changement), la thérapie primale de A. Janov (qui repose sur l'idée d'une reviviscence de la scène primale et permet l'expression cathartique d'une douleur fondamentale inscrite depuis l'enfance). Certaines sont naturellement controversées et ne correspondent pas aux critères précisés précédemment ; le terme de « psychothérapie » ne leur est sans doute pas applicable jusqu'à plus amples validations.

b) Le problème de l'évaluation des psychothérapies

Pour des raisons théoriques, pratiques, mais aussi économiques, les psychothérapies font l'objet d'évaluations dont le projet est l'élaboration d'un savoir portant sur le mode d'action, l'amélioration des techniques et de leurs indications, mais l'évaluation tente aussi d'apprécier leurs coûts et leurs bénéfices. Les techniques d'évaluation supposent que soient clairement définis les objets de recherche dans une étroite relation avec les situations cliniques et que soient explicités les indices à mesurer ou à décrire, les procédures de description et les méthodes générales de traitement des résultats. La question principale est de savoir comment apprécier un changement individuel dans un contexte que les cliniciens souhaitent le plus original possible. Les techniques d'évaluation étant jusqu'à récemment importées du domaine médical et correspondant à un cas particulier de l'évaluation d'une thérapie ou d'un médicament (essai thérapeutique), leur pertinence dans le domaine des psychothérapies pouvait laisser à désirer. Toutes les psychothérapies ne sont d'ailleurs pas dans la même situation face à l'évaluation : les thérapies qui portent strictement sur le symptôme sont plus accessibles à des techniques classiques (comparaison avant-après, comparaison avec des groupes-témoins…) que celles qui ont une visée ou un effet plus large. Certaines réticences tiennent donc à la nature de l'objectif de la psychothérapie et aux imperfections des méthodes d'évaluation actuelles. Mais si, pour certains, l'idée même d'évaluer une psychothérapie est contestable, d'autres tentent de promouvoir des objets, des méthodes qui permettent d'engager des recherches et d'apporter des arguments fiables, valides mais aussi concrets.

La démarche d'évaluation repose sur le recueil d'indices qui concernent le patient, les interventions du thérapeute (technique), le contexte. Chez le patient, on peut relever les symptômes, mais aussi l'ensemble des éléments du bilan psychologique : la dynamique psychique appréciée par le clinicien et/ou avec des techniques projectives, les caractéristiques de ses expressions, surtout sa propre représentation de son état et ses attentes. Une seconde série d'indices concerne les actes et les interventions du psychothérapeute : nature, type, moment des interventions, forme générale de la technique. L'évaluation générale de la psychothérapie peut reposer sur d'autres techniques : certaines comparent des thérapeutiques différentes pour un même trouble et utilisent les statistiques alors que d'autres emploient l'étude de cas afin de comprendre ce qui a pu permettre l'évolution d'un sujet – ou sa stagnation – en référence à une théorie générale du psychisme ; les hypothèses formulées à propos du cas et concernant les phénomènes intervenant dans le cours d'une psychothérapie devront naturellement faire l'objet d'une mise à l'épreuve sur d'autres cas et d'une validation plus générale *lorsqu'elle est possible*. L'évaluation des psychothérapies est donc un défi particulièrement stimulant tant pour la production des connaissances que pour l'évolution des pratiques.

2.3 L'institution, les interventions ponctuelles et le conseil

Ces trois activités sont moins importantes que les précédentes tant en termes de fréquence qu'en termes de spécificité. Comme les psychothérapies, elles ne sont pas seulement du registre du psychologue et dépendent de l'institution dans laquelle elles se situent.

• *Le conseil psychologique*

Nous n'aurions sans doute pas évoqué ce terme si les pratiques sociales actuelles n'avaient développé la notion de *counseling* qui reste très proche du conseil psychologique. Ce dernier correspond à une rencontre ponctuelle avec un sujet – qui ne présente pas forcément une pathologie – qui tente de résoudre un problème spécifique avec l'aide du psychologue dans la mesure où il ne peut le faire seul et où il estime que la communication, l'exposition, les relances lui permettront de décider. Le conseil ne consiste donc pas à « donner un conseil » mais à aider à choisir une solution. Pour cela, il est nécessaire d'exposer le problème et que les questions du clinicien amènent à percevoir les implications personnelles, mais aussi concrètes, de la situation-problème et de la décision. La neutralité du psychologue est essentielle puisqu'il ne doit aucunement interférer avec les positions du sujet, ni décider à sa place, ni lui faire suivre la voie qui lui semble la meilleure. Cette pratique est connue des praticiens de l'orientation scolaire et professionnelle mais aussi des cliniciens du secteur de la santé (décision d'I.V.G., techniques médicales de réhabilitation, décision de demander une intervention chirurgicale non obligatoire) ou de l'aide aux personnes en difficulté (maltraitance, conflits...).

Le *counseling* est une pratique qui nous vient des USA et qui correspond pour une part à la pratique du conseil psychologique et, pour une autre, à une forme de psychothérapie de soutien qui considère que c'est la situation qui détermine le symptôme et non l'organisation psychologique. Si cette activité s'est développée dans les pays anglo-saxons dans les associations non professionnelles destinées à aider les victimes d'agression ou d'atteintes physiques ou mentales, on la connaît en France depuis l'apparition du SIDA puisqu'elle est une méthode de soutien employée par les associations d'aide aux malades. Son rôle est de mobiliser les moyens pour résoudre les problèmes, de faciliter la vie du sujet d'une manière qui respecte ses valeurs, ses ressources personnelles et sa capacité de décision. La méthode est l'entretien dont le style peut varier en fonction des écoles théoriques de référence. Les entretiens permettent d'aider le patient à évoquer ses difficultés, à contrôler son angoisse, à faire l'exploration de ses réactions et à prendre ses propres décisions. Cette pratique n'est pas spécifiquement psychothérapique et pose le problème des limites entre psychothérapie codifiée et rencontre à « effets psychothérapiques », « accompagnement », entre thérapie et consultation. Les psychologues cliniciens peuvent pratiquer cette technique et, puisqu'elle est aussi le fait de membres des associations, à les former dans un souci de respect de l'éthique, de pertinence théorique et de rigueur méthodologique.

• *Les interventions de crise*

Le développement des institutions de crise, les difficultés rencontrées dans certains lieux où se manifeste l'urgence ont contribué à promouvoir des méthodes d'intervention de crise qui ne concernent pas seulement les situations dramatiques mais aussi des phénomènes qui ont pour caractéristiques l'intensité, la durée brève, la perte des repères et la recherche d'une solution immédiate : la « crise de nerfs », le conflit enfants-parents, la confrontation à un drame personnel (décès brutal d'un proche par exemple), les épisodes de violence, les disputes, les accidents graves, les drames du quotidien (attentats, agression contre une école, un collège, catastrophes naturelles), etc. peuvent, selon leur modalité et l'aspect public de l'événement aboutir à une situation de crise qui apparaît comme une rupture dans la relation avec les autres mais aussi dans le sujet.

Pour répondre à ces situations, il existe quelques « lieux de crise » ou des « cellules psychologiques » mais souvent elles sont réparties dans les institutions soignantes : admission des hôpitaux, services de psychiatrie, parfois lieux d'accueil non médicaux. L'intervention, si elle suppose bien qu'il y a eu un *avant* (facteurs de situation, voire de personnalité, qui ont amené la situation) et un *après* (nécessité de suivre la personne et de reprendre avec elle, parfois dans le cadre d'une psychothérapie, les événements déclenchants et la position du sujet), si elle admet que la crise exprime quelque chose, ne peut se limiter à une attitude correspondant à la position du psychothérapeute ou du psychologue réalisant une évaluation. Elle implique donc des méthodes permettant l'expression de la souffrance, la limitation des actions dangereuses pour le sujet et pour les autres, le soutien du patient ou de l'entourage, la facilitation d'un autre mode d'expression que le passage à l'acte, l'analyse avec le sujet de ce qui a déclenché cet état, et la mise en place d'un suivi… La fonction contenante du psychologue est particulièrement sollicitée ainsi que sa capacité d'intervention verbale et ses possibilités d'aider le patient à exprimer son drame actuel en comprenant qu'il n'est pas sans rapport avec certains éléments de sa personnalité et de son histoire. La principale difficulté tient à ce que dans les situations d'urgence, les sujets semblent préférer l'action ou la sidération à la verbalisation, vivent les phénomènes dans l'actualité sur le modèle de la tragédie classique (unité d'action, unité de lieu et unité de temps) et ne sont pas demandeurs d'une réflexion sur eux-mêmes : aussi le passage de la situation de crise à une prise en charge ultérieure est-il difficile et incertain.

• *L'activité institutionnelle*

Une bonne partie des psychologues travaille dans des institutions dont les effets se font sentir sur les sujets auprès desquels ils interviennent. L'exemple des services de psychiatrie est le plus connu depuis qu'il a été montré que l'enfermement suscitait, quelles que soient les populations, des comportements identiques ce qui, pour les malades hospitalisés en psychiatrie, pouvait entraîner une suraliénation. Par ailleurs, une institution peut, elle aussi, avoir des dysfonctionnements qui doivent être notés, étudiés et « traités ». Enfin, le psychologue peut, en tant que tel, participer à la création, au fonctionnement d'une institution et posséder alors un rôle qui dépasse celui du consultant ou du psychothérapeute. Certaines de ces activités sont plus spécifiquement exercées dans le cadre des institutions psychiatriques qui se prêtent à ce type de réflexion et qui ont la particularité d'accueillir des sujets pour une période longue au cours de laquelle les relations avec les soignants et l'institution sont déterminantes. En revanche, dans d'autres lieux (hôpital général par exemple), son action portera plus sur le groupe des soignants ou sur la communication interne, les relations des patients avec l'institution étant difficiles à percevoir ou n'interférant que très peu avec les problèmes qui les amènent.

Ces trois éventualités impliquent des activités différentes puisqu'elles vont de la simple « observation participante » à l'intervention institutionnelle. L'*observation* des modes de fonctionnement de l'institution, de ses conséquences sur les patients et les soignants, des circuits parallèles de l'information représente souvent une activité quasi implicite du psychologue. Elle participe à la fois de l'observation clinique et de l'approche ethnologique de manière à situer ce qui, dans les attitudes des acteurs, peut être déterminé ou surdéterminé par l'institution. Situé hors hiérarchie, c'est-à-dire « insituable », peu impliqué dans les tâches techniques et administratives, le psychologue est sans doute un observateur et un interlocuteur privilégié, ce qui lui permet parfois de révéler ce que d'autres ne peuvent percevoir, mais ce qui peut aussi le mettre dans une position difficile, l'institution, surtout si elle est le théâtre de conflits, risquant de le percevoir comme un persécuteur ou un intrus. L'*animation* d'activités institutionnelles représente un autre de ses rôles classiques : réunions avec les patients, ou entre soignants et patients, ateliers à vocation thérapeutique, etc. ; toutes ces activités ont en commun de promouvoir des modes de communication et de représentation qui permettent que l'institution ne se fige pas et n'évolue pas vers la chronicité. Si la conduite de réunions, la gestion de la parole en groupe, les techniques communautaires sont des outils nécessaires, le psychologue clinicien ne peut les employer que dans le cadre d'un projet institutionnel réfléchi et articulé à ses connaissances de la situation et à l'équilibre interne de l'établissement. Le psychologue peut avoir son avis à donner sur la création d'une nouvelle structure, qu'il s'agisse d'un établissement nouveau (hôpital de jour par exemple) ou de la modification d'un fonctionnement interne (spécialisation de certains services notamment). Cet avis ne peut être être fourni que sur la base d'une étude et d'une démarche alliant observation et recherche et faisant référence aux problématiques de la psychologie clinique.

2.4 Pratique et éthique

Les questions éthiques sont présentes en psychologie comme dans les autres disciplines pratiques. Sous ce terme, sont regroupés trois problèmes : l'éthique au sens strict, c'est-à-dire l'étude des fondements des principes moraux, la déontologie (règles et devoirs professionnels), la législation qui conditionne l'activité du psychologue. Ces trois problèmes ne se situent pas au même niveau et peuvent même impliquer des contradictions, comme on peut le voir en matière d'expertise judiciaire par exemple.

La question de *l'éthique* (Bourguignon, 2005) au sens strict intéresse le psychologue sur un plan théorique, sur un plan de recherche et sur un plan pratique. D'un point de vue pratique, les situations concrètes dans lesquelles il travaille (sujets souffrants, sujets victimes, sujets dépendants d'une institution, sujets exclus et privés de certains de leurs droits…), l'invitent à réfléchir aux respects de certains droits fondamentaux (même si la lettre de la loi est respectée) et à promouvoir une interrogation éthique sur la manière dont on traite socialement certains malades, certains exclus, ou certaines victimes, sans parler de pratiques discutables – de psychologues ou d'autres soignants – pouvant apparaître dans une institution (culpabilisation de familles ou de patients, utilisation de leur souffrance à des fins d'enseignement clinique sous forme de « présentation de malades », refus de l'éclectisme thérapeutique...). Enfin, d'un point de vue théorique, le psychologue s'intéresse à la genèse individuelle du sentiment moral, de l'éthique personnelle ou, plus fréquemment, à ce qui peut mettre en cause cette genèse, à ce qui pousse le sujet à enfreindre certains principes ou à définir sa propre éthique en dehors de tout lien avec les autres.

La question du *législatif* est importante bien que ne correspondant pas exactement à la réflexion éthique. Il existe en effet une distinction à respecter entre les lois votées – qui peuvent être parfaitement scélérates, l'exemple de la France de Vichy est là pour le prouver – et l'éthique. Confondre le législatif et l'éthique serait méconnaître les rapports entre le législatif et le politique ; l'éthique ne se confond pas avec la loi même si certains principes sont communs. Mais le législatif a dans les domaines d'application de la psychologie clinique une importance capitale dans la mesure où il conditionne plusieurs aspects des activités professionnelles : certains malades hospitalisés en psychiatrie le sont au titre de l'hospitalisation d'office ou de l'hospitalisation à la demande d'un tiers (loi du 27 juin 1990) ; certains enfants sont placés en fonction de l'application d'une loi... Aussi les lois régissant les placements de malades mentaux, les obligations de soins (toxicomanies), les lois de protection de l'enfance en danger, les lois sur le secret professionnel et sur l'obligation de signalement de certaines situations rencontrées dans le cadre professionnel (enfant victime de sévices par exemple), pour ne citer qu'elles, doivent être connues.

Cette connaissance est importante à plusieurs niveaux. En premier lieu, la familiarité avec la loi permet d'éviter des erreurs qui pourraient être préjudiciables aux patients... et aussi au psychologue. En second lieu, elle informe sur la manière dont la société perçoit certains de ses membres et permet de comprendre ce à quoi ceux-ci ont été confrontés. Enfin, l'approche des sujets – psychotiques et psychopathes notamment – constitue un domaine de recherche fécond particulièrement évocateur de ce qui peut se jouer dans les rapports entre un sujet et la loi ou l'appareil juridique : défier la loi pour le psychopathe, refus de reconnaître une autre loi que la sienne pour le psychotique.

En 1953, l'Association Américaine de Psychologie publiait les *Ethical Standards for Psychologists.* Une partie de ces principes concernait les cliniciens et la protection des personnes qui leur sont confiées. En France, le Code de déontologie actuel (22 juin 1996) commun à tous les psychologues (cliniciens et non-cliniciens) réaffirme des principes qui concernent l'éthique (respect des droits de la personne, compétence, responsabilité, probité, qualité scientifique, respect du but assigné, indépendance professionnelle, clause de conscience). Le Code prévoit le respect de l'autonomie technique, l'indépendance et la responsabilité professionnelles, le secret professionnel. L'article 12 précise « qu'il est seul responsable de ses conclusions. Il fait état des méthodes et outils sur lesquels il les fonde, et il les présente de façon adaptée à ses interlocuteurs, de manière à préserver le secret professionnel ». La position de rigueur scientifique et de compréhension clinique est affirmée par les articles 17 à 19. L'article 17 souligne la nécessité de l'appréciation clinique et le refus de réduire l'activité aux techniques : « La pratique du psychologue ne se réduit pas aux méthodes et aux techniques qu'il met en œuvre. Elle est indissociable d'une appréciation clinique et d'une mise en perspective théorique de ces techniques ». L'article 18 maintient la nécessité d'une validation scientifique des techniques d'évaluation, de diagnostic, d'orientation et de sélection. Enfin l'article 19 stipule que « le psychologue est averti du caractère relatif de ses évaluations et interprétations. Il ne tire pas de conclusions réductrices ou définitives sur les aptitudes ou la personnalité des individus, notamment lorsque ces conclusions peuvent avoir une influence directe sur leur existence ». Ces articles paraissent directement inspirés des principes de la psychologie clinique et visent à éviter le réductionnisme, la technicité et la négation de l'individu, l'absence de rigueur théorique dans les connaissances qui fondent la pratique.

D'autres articles concernent plus directement la formation des psychologues en condamnant le dogmatisme, l'aliénation des étudiants, l'adéquation entre ce qui est enseigné et les tâches concrètes des psychologues, la nécessaire séparation des fonctions entre le rôle de clinicien et leur rôle universitaire, la nécessité, dans les programmes, de respecter et de présenter objectivement les différentes tendances de la psychologie.

Les actes du psychologue (faire passer un test, réaliser un entretien) ne sont pas indemnes de conséquences. Aussi doit-on avoir pour priorité d'intervenir dans l'intérêt du patient, ce qui implique autant une bonne connaissance technique qu'une indépendance à l'égard des institutions ou des proches que le respect rigoureux du secret professionnel. Mais tous les problèmes ne sont pas pour autant résolus. Que faire quand un enfant souhaite une thérapie et que les parents la refusent, quand un enfant est victime de sévices et qu'il ne veut pas se plaindre auprès de la justice et que le risque existe pour ses frères et sœurs, ou lorsqu'il y a un risque de suicide ? Comment garder le secret sur les résultats des bilans, dans une institution ou le psychologue est hiérarchiquement dépendant de personnes qui n'ont pas les connaissances nécessaires pour apprécier les résultats ?

Le Code a aussi, par-delà les principes qu'il impose, le mérite de poser certains problèmes et il implique de ce fait une réflexion sur ce qui garantit notre pratique : par exemple, que faut-il entendre par « science », terme qu'il serait abusif de réduire au scientisme ou au positivisme que certains opposent parfois à la psychologie clinique. De même l'autonomie technique implique-t-elle que soient réfléchies, définies, explicitées les différentes méthodes, notamment celles que l'on utilise en clinique. D'autres aspects plus spécifiques à l'approche clinique pourraient d'ailleurs être abordés concernant les psychothérapies et les garanties que l'on peut fournir au patient, la nécessité qu'il puisse être entendu et non pas confronté à un protocole systématique aussi pertinent soit-il, le type de connaissances théoriques et pratiques attendu des psychologues pour qu'ils puissent travailler auprès de sujets malades, la nécessité du respect d'un éclectisme méthodologique, théorique et technique dans un service de soins.

4

LA RECHERCHE EN PSYCHOLOGIE CLINIQUE

La psychologie clinique est une pratique dont les rapports avec la recherche et avec les constructions théoriques sont particuliers, tant du point de vue historique que du point de vue épistémologique. Historiquement elle a d'abord été une praxéologie, une science empirique, un corpus de connaissances sur les cas, sur la manière d'écouter, d'observer, d'évaluer les sujets, et elle n'est que secondairement devenue un *savoir* sur des objets comme la maladie, le développement, le conflit. Discipline « jeune », elle n'a pas encore constitué sa propre armature conceptuelle et s'en remet à d'autres doctrines pour rendre compte des processus. D'une part, la psychologie clinique se réfère à différentes doctrines pour interpréter les informations issues de l'expérience (études de cas, activités psychothérapiques…). Ces doctrines psychologiques ne sont pas homogènes et élaborent des conceptions spécifiques du sujet. D'autre part, l'expérience clinique nourrit un certain nombre de questions, produit des hypothèses que la recherche devrait pouvoir résoudre ou valider. Enfin, dans certains secteurs, la pratique clinique informe les constructions théoriques, voire permet de les constituer.

Il n'est pas de discipline universitaire sans production autonome d'un corpus conceptuel. Certes la clinique quotidienne fournit des informations, mais la psychologie clinique ne peut se construire sur la seule base des observations spontanées. Lorsqu'on évoque la pratique de la recherche, on fait implicitement ou explicitement référence à plusieurs registres : production de connaissances nouvelles, examen de la validité de ces connaissances qui nécessite un appareil de vérification, valorisation des résultats des recherches…

1. Recherche clinique ou recherche en clinique

La recherche en psychologie clinique correspond pour une grande part à ce qui se pratique dans d'autres disciplines : recueil du matériel nouveau sur des phénomènes peu connus, formulation de nouveaux problèmes, découverte de nouvelles solutions, formulation d'explication des problèmes analysés, définition de lois générales et édification de modèles explicatifs des phénomènes et, dans le domaine de la recherche appliquée, construction de nouveaux outils et amélioration de l'efficience diagnostique et thérapeutique. Mais c'est par ses méthodes et sa planification que la recherche clinique montre toute son originalité puisqu'il existe des recherches qui tentent de répéter la démarche clinique alors que d'autres correspondent à la démarche traditionnelle de la recherche. Le paradoxe est le suivant : des approches descriptives et interprétatives peu contrôlées semblent fournir des résultats plus intéressants pour les cliniciens que d'autres approches plus valides, à la méthodologie rigoureuse. Il n'y a pas systématiquement opposition entre ces deux pôles de la recherche, mais ils correspondent à des temps différents du travail, de *découverte* et de *validation* (c'est-à-dire de vérification et d'administration de la preuve, voire de définition des conditions auxquelles la théorie est valide).

1.1 La recherche « en » clinique

Ce modèle correspond aux souhaits de validation des hypothèses formulées par K. Popper (principe de réfutabilité) et vise à constituer la théorie à partir de la validation empirique d'hypothèses issues du matériel clinique ou des conceptions théoriques. Seuls les travaux de recherche systématique correspondant à des procédures rigoureuses de recueil, de traitement et de vérification peuvent être considérés valablement comme une démarche de recherche. Il ne faut pas pour autant confondre recherche *expérimentale* et recherche *planifiée* : l'expérimentation est une reproduction contrôlée d'un phénomène ou sa simulation alors que la recherche planifiée se dégage de l'expérience concrète pour prévoir le déroulement d'une recherche en fonction d'un but.

La planification exclut l'absence d'élaboration de la stratégie de recherche ou la reprise spontanée d'un matériel rétrospectif non standardisé. Elle suppose des objectifs définis et une stratégie hiérarchisée dans le temps et les opérations. Ses principes sont : 1) satisfaire aux conditions de *validité* et de *réfutabilité*, 2) apporter des *informations nouvelles* à la communauté scientifique (et pas forcément de nouveaux paradigmes mais aussi des faits), 3) fournir des interprétations tenant compte des *résultats antérieurs* dans un cadre théorique permettant l'examen de leur validité.

La recherche suppose plusieurs éléments essentiels :

1. Des *hypothèses* clairement définies liées à l'état actuel des travaux sur un objet précis, et/ou à l'expérience clinique. Un soin particulier est apporté à la formulation des hypothèses qui doivent être sans ambiguïté, limitées et permettre une procédure de validation et/ou de vérification. Rappelons qu'il n'existe pas de recherches sans hypothèses ; lorsqu'elles n'apparaissent pas, c'est qu'elles sont implicites et doivent alors faire l'objet d'une explicitation claire. Même les enquêtes exploratoires sur l'existence ou l'inexistence d'un phénomène ou sur son dénombrement sont dépendantes d'hypothèses générales. Les hypothèses s'inscrivent dans une *problématique,* c'est-à-dire une manière de poser le problème dans un cadre conceptuel déterminé et précisé. Une hypothèse est une affirmation portant sur la relation entre des faits, sur les mécanismes qui les produisent et cette affirmation doit recevoir une validation estimant son degré d'exactitude et le contexte dans lequel elle peut être tenue pour vraie. L'ensemble des hypothèses validées est repris dans un système explicatif global. Il faut faire une distinction entre hypothèses à *valider* et hypothèses à *éprouver* (mettre à l'épreuve) ; elles correspondent à des temps de la recherche et à des niveaux de vérification différents. Mettre à l'épreuve une hypothèse c'est juger de sa pertinence, de sa fécondité, de son heuristique. Il peut s'agir d'une situation préalable à la validation comme d'une activité autonome dans un cadre où la validation n'est pas possible ou

n'apporte rien. La production d'hypothèses est inséparable d'une connaissance de ce qui a été écrit sur le sujet par l'accès aux bibliographies issues de banques de données informatisées (Medline, Pascal, Psychological Abstracts…) interrogées en utilisant un système de mots-clefs.

2. Des *objets* clairement définis (sujets et/ou phénomènes et/ou événements et/ou processus), ce qui suppose une définition précise des phénomènes, une sélection de la population avec des critères d'inclusion et d'exclusion (qui retenir, à partir de quels critères ?), la recherche de comparaisons (groupe-témoin quand c'est possible).

3. Une *méthodologie* précise et adéquate qui permet de recueillir du matériel correspondant au niveau de la recherche, de le traiter convenablement. La méthodologie nécessite que l'on construise le plan de la recherche (manière dont vont se succéder les opérations), que l'on choisisse des techniques de recueil (études de cas, échelles, tests, entretiens, dessins, observations standardisées…), mais aussi les procédures de dépouillement des résultats (analyses de contenu, analyses cliniques…), les traitements auxquels on soumettra les données. La démarche scientifique veut que les informations soient recueillies de la même manière si l'on doit procéder à des comparaisons et que l'on s'entoure de garanties d'objectivité. La production des résultats est dépendante de stratégies d'analyse qui peuvent être le cas unique (utilisant un plan de recueil rigoureux permettant de noter les éléments recherchés), les études en corrélation (analyse de l'étude des rapports entre deux ou plusieurs attributs), les comparaisons entre sujets à l'intérieur d'un groupe, les comparaisons à un groupe-témoin… Les études comparatives permettent de mettre en évidence des faits et de tester leurs relations avec d'autres phénomènes. Les différentes techniques statistiques peuvent être utilisées dans le cadre tant de la description des phénomènes (statistique descriptive) que de l'établissement de relations entre phénomènes mesurés (corrélations, analyse en régression, analyse de la variance, analyse factorielle des correspondances ou analyse en composantes principales) et que dans l'administration de la preuve (tests statistiques du type Chi carré, Student ou Fisher). Toutefois la quantification ne constitue nullement une obliga-

tion et il est possible d'adopter une méthode qui repose sur le recueil de données qualitatives.

4. Une *interprétation des résultats* qui permette de répondre de la validité de l'hypothèse mais aussi apporte un ensemble de connaissances, c'est-à-dire une transformation des faits bruts en éléments prenant un sens à l'intérieur d'un cadre théorique qui rend intelligibles les résultats produits ou les faits nouveaux observés. La recherche aboutit à la production d'une *connaissance nouvelle* (nouveau phénomène clinique décrit, nouvelle loi, mais souvent nouvelle interprétation ou nouveau modèle expliquant des phénomènes), de son champ d'application, de ses limites, ce qui suppose la discussion des résultats obtenus avec ceux des autres travaux.

Des critiques ont été apportées à ce modèle classique dont on peut dire qu'il privilégie l'exactitude et la réfutabilité sur la dynamique des faits et l'interprétation. On lui reproche d'atomiser les phénomènes et de procéder à une quantification abusive, c'est-à-dire de réduire les objets cliniques à ce qui en est mesurable. On lui reproche aussi d'être incompatible avec les modèles phénoménologique ou psychanalytique qui procèdent par interprétations et ignorent la quantification. On lui reproche enfin de préférer l'exactitude à la vérité (comprise comme ce qui peut recevoir une signification intégrable dans un paradigme) et de briser arbitrairement la manière dont les phénomènes se présentent et s'associent dans la réalité clinique. L'aspect insatisfaisant de ces recherches pour le clinicien tient précisément à leur présentation parcellaire, à leur faiblesse heuristique et à leur décalage réducteur avec les situations cliniques.

Ce modèle a toutefois comme intérêt de produire une recherche « lisible » par les autres disciplines de la psychologie et de permettre des communications avec elles. Il correspond à une procédure pragmatique cherchant à faire apparaître des faits que nous ne connaissons pas et à tenter d'en produire une interprétation, mais il vise aussi à constituer un savoir transmissible sur des réalités cliniques. Ce type de recherche a l'avantage, plutôt que de résoudre *a priori* un problème à partir d'une analyse purement théorique et conceptuelle, d'aller examiner les faits et de raisonner à partir de ce qui existe. Ce modèle implique que soient distinguées les activités de recherche et les activités cliniques : soigner et découvrir sont deux opérations différentes. S'il est certes essentiel qu'un chercheur soit *aussi* un clinicien et que son expérience clinique enrichisse sa recherche, il ne peut confondre les buts de la recherche et de la clinique ainsi que leurs démarches. La clinique vise à évaluer et à aider un sujet (guérir, soulager, analyser…), la recherche tente d'enrichir les connaissances, parfois dans un but concret (nouvelle thérapeutique, nouvelles indications, nouveau trouble à expliquer…). La clinique est un travail avec un individu qui souffre et tient compte du plus grand nombre de variables, alors que la recherche réduit l'objet et le décompose en plans différents.

Dans la pratique de la recherche, la clinique peut intervenir de deux manières. En premier lieu, elle permet de *susciter* des hypothèses théoriques qui tiennent compte de la *présentation* concrète des phénomènes. Dans ce contexte, elle permet de formuler les présupposés du travail de recherche en fournissant les observations les plus pertinentes : la clinique constitue une des principales *sources inspiratrices* de la recherche. En second lieu, la pratique clinique permet de *vérifier* et *d'articuler* les résultats de travaux qui, aspirant à l'objectivité, ont *réduit* l'objet. La plupart des résultats demandent à être resitués dans la pratique clinique qui peut apporter une *confirmation inversée*. Elle met alors en évidence la *réalité* des éléments fournis par les recherches en soulignant leurs styles de manifestation. En ce sens la méthode clinique peut fournir un *questionnement* concret et un *regard pertinent* à la recherche. La clinique invite à ne pas se contenter du résultat mais à prendre du recul par rapport aux données de l'expérience en tentant de vérifier les « découvertes » dans une situation différente qui ne soit pas contrainte par le dispositif de la recherche.

1.2 La recherche non objectivante : « la recherche clinique »

Dans une tradition plus proche de la pratique clinique ou plus centrée sur l'étude de cas, des travaux proposent une démarche différente qui privilégie l'illustration et le significatif sur la validation et l'administration de la preuve, voire la mise à l'épreuve de l'hypothèse sur la validation des hypothèses. Au-delà des oppositions de méthodes, de techniques et de paradigmes de référence, ces deux types de recherches peuvent aussi être complémentaires, la recherche non-objectivante préparant, préludant, complétant ou prolongeant la recherche objectivante, ou encore la remplaçant dans des domaines où l'objectivation ne peut être utilisée.

Ce type de recherche repose sur l'idée que la situation clinique est la source d'inspiration et le lieu d'élaboration de la recherche. Elle porte une attention particulière à l'engagement de l'observateur, aux phénomènes de transfert et de contre-transfert, et procède à une description minutieuse de la spécificité de la situation en se fondant sur des études de cas. L'hypothèse, selon le mot de Giami, est « une construction forte, en ce qu'elle permet au chercheur de savoir ce qu'il sait déjà et qu'elle l'aide à distinguer ce qu'il sait de ce qu'il ne sait pas encore. C'est aussi une construction provisoire dans la mesure où son destin réside principalement dans sa transformation voire sa négation ». Il n'y a donc pas une hypothèse formulée au départ que la recherche va valider ou invalider, mais une suite d'hypothèses qui se modifient à partir de la confrontation au matériel recueilli et traité selon les principes de l'analyse clinique. La recherche correspond donc, à l'instar de ce qui se passe dans la pratique, à une succession de séquences d'élaboration conceptuelle et de retours vers le matériel. Cette conception vise avant tout l'intelligibilité des processus et la formulation de leurs significations. Elle permet d'aborder des phénomènes complexes, à partir de situations singulières (études de cas), en évitant la réduction.

L'intérêt illustratif de cet aspect de la recherche comporte aussi des faiblesses : son cadre théorique est mouvant, ses résultats peuvent être approximatifs, la définition des objets de recherche est parfois trop ambitieuse pour permettre autre chose qu'un vaste recueil et des propositions théoriques heuristiques, ses stratégies de vérification sont absentes, et on note l'usage excessif de l'inférence inductrice. Toutefois, elle permet plus facilement d'établir une relation entre les objets de la psychologie clinique et la psychanalyse. La question est alors de savoir quand le discours psychanalytique s'inscrit dans le cadre de l'expérience analytique au sens le plus strict, à savoir le transfert, et quand il se prête à une forme de « psychanalyse appliquée à la psychologie clinique », ou quand celle-ci fait usage de l'outil *analytique* comme d'un système de connaissances. Mais cette recherche donne aux objets une réalité, une densité plus affirmée que les études planifiées. Et son intérêt pour le discours, les processus psychiques, l'histoire de l'individu permet des constructions théoriques directement utilisables ou interrogeables dans la pratique.

2. Traitement du matériel de recherche

Les outils utilisés dans la recherche sont les mêmes que ceux de l'activité pratique du clinicien mais ils sont employés différemment puisqu'ils visent la production d'informations intelligibles dans le projet d'une généralisation, c'est-à-dire du passage à un niveau d'abstraction supérieur à celui du cas. De même, lorsqu'une recherche ne se fixe pas pour but de répéter la démarche clinique et d'analyser le matériel obtenu, elle construit un objet dont les particularités vont conditionner les relances de l'entretien, les questions posées, les thèmes du dessin ou du jeu, les éléments de l'observation. La plupart des recherches « en » clinique utilisent des tests (y compris projectifs), des observations standardisées ou des échelles (moyen commode, mais qui fournit peu d'informations) et, dans une moindre mesure l'analyse du discours.

En revanche, le traitement du matériel obtenu peut être différent de celui qui s'opère dans la pratique clinique. Même dans les recherches utilisant l'étude de cas, le discours du sujet est traité d'une manière méthodique, explicitée, qui ne correspond pas forcément à l'écoute clinique ou, du moins, qui s'en sépare à un moment dans le traitement détaillé du matériel, traitement qui se fonde sur des indices parfois différents, parfois plus exhaustifs que ceux que l'on retient dans la pratique clinique. L'analyse clinique que nous avons évoquée à propos de l'entretien est donc complétée par d'autres techniques. Les procédures d'analyse du discours consistent à étudier ce qui est formulé par le sujet, de manière à en exprimer les éléments les plus significatifs. Ces procédures sont de plusieurs ordres :

– *L'analyse propositionnelle du discours* vise à reconstituer la représentation du monde référentiel que le discours construit en s'intéressant aux relations que le discours établit entre les objets. Elle peut fournir des résultats tout à fait intéressants dans le domaine clinique (analyse du délire par exemple).

– *L'analyse des relations par oppositions* recherche une correspondance entre le système naturel et le système symbolique qui est reconstruit à partir de l'analyse de la parole et de la recherche des oppositions.

– *L'analyse de l'énonciation* s'intéresse à la partie du discours révélatrice de l'acte de production du discours (situations de discours, attitude du sujet à l'égard de l'interlocuteur, position du sujet envers son énoncé). Elle analyse donc différents indices comme les déictiques (adverbes, temps, catégories verbales…) qui sont indicateurs de la présence du sujet dans son message ainsi que la modalisation de l'énoncé (variations de l'adhésion du sujet à son énoncé), l'interférence des énoncés qui introduit une rupture dans le message, analyse sémiotique. Elle est parfois complétée par l'étude d'indicateurs évoquant la présence de mécanismes de défense (dénégation, refoulement, déni…).

– *L'analyse thématique* est avant tout descriptive et peut être associée à d'autres modes de dépouillement. Elle correspond à une complexification de la question simple : de quoi le sujet parle-t-il ? Elle procède par découpage du discours et recensement des thèmes principaux et secondaires qui peuvent faire l'objet d'analyses différentes selon les hypothèses : typologies, comparaison de fréquences, genèse des thèmes, analyse de leur formulation, analyse des relations par opposition.

– *L'analyse syntaxique* ne s'intéresse pas au sens (sémantique) en étudiant la distribution des éléments du discours. Elle est très peu employée dans le domaine clinique, mais elle peut déboucher sur des programmes d'analyse automatique du discours définissant l'architecture syntaxique qui peuvent intéresser les neuropsychologues travaillant sur les troubles du langage.

– *L'analyse lexicométrique* est une technique réductrice mais qui est empiriquement utilisée par certains cliniciens lorsqu'ils évoquent dans leurs descriptions de patients la fréquence ou l'absence de certains types de mots (patients opératoires ou désaffectivés). Elle s'intéresse à certaines formes lexicales, à leur fréquence, leur répétition mais aussi aux rapports entre certains mots et leur contexte. Il existe ainsi des logiciels traitant automatiquement les formes lexicales : définition du lexique d'un groupe donné, nature de ce lexique (par exemple mots chargés d'affects ou formes verbales…), étude de la fréquence et des occurrences des déictiques… En clinique, les analyses lexicales n'ont d'intérêt qu'associées à d'autres techniques moins statiques qui s'intéressent à la sémantique, ou aux conditions de production du discours.

– *L'analyse de la conversation* a été récemment appliquée à certains troubles mentaux par Trognon. La conversation peut être définie comme un ensemble organisé de productions discursives, ensemble linéaire et séquentiel. La réussite de la communication nécessite l'ajustement des deux protagonistes ce qui n'est possible que si les interventions sont en étroite relation les unes avec les autres (chacun des locuteurs doit tenir compte de ce qui vient d'être dit, chacune des relances doit être en continuité avec les formulations précédentes). Les travaux actuels tendent à montrer que, pour communiquer, il ne suffit pas de disposer de la maîtrise du langage, mais qu'il faut aussi maîtriser les processus inférentiels.

– Certaines *analyses de contenu* s'inspirent très directement d'analyses cliniques en prenant modèle sur des études de cas offrant une analyse précise du discours. Ainsi le livre de Donnet et de Green (*L'Enfant de ça*) qui repose sur l'analyse du récit d'une vie et qui tente, à partir des concepts analytiques, de rebâtir une logique des processus, constitue un modèle d'analyse de contenu. Son intérêt est toutefois limité par l'absence d'explicitation claire de la méthode et de critères, d'indices, de procédures d'interprétation clairement définis.

Certaines de ces méthodes (analyse thématique, analyse de l'énonciation) sont très proches de la clinique, alors que d'autres, qui ne fonctionnent que sur quelques indicateurs, appartiennent exclusivement au registre de la recherche. Dans le cadre de certaines études cliniques, plusieurs méthodes sont employées, mais il est impossible de les utiliser toutes en même temps dans un projet totalisant, de tout analyser dans le discours et de ne rien laisser de côté. De même il arrive que l'on intègre les résultats des analyses de contenu dans d'autres procédures déjà citées : comparaisons entre les sujets, études de cas, comparaisons entre des variables, relations entre les variables…

3. Problèmes éthiques spécifiques

La question de l'éthique dans la recherche se rattache à l'ensemble plus vaste de l'éthique professionnelle du clinicien. Il paraîtrait inconcevable de placer la recherche dans une situation d'exception et de ne pas soumettre les actes du chercheur à ce qui détermine l'éthique de la pratique clinique. Certaines mesures de protection spécifiques sont d'ailleurs envisagées par plusieurs codes de déontologie : responsabilité, consentement éclairé du patient, protection du secret… En France, la pratique de la recherche est aussi conditionnée par certaines lois. La loi Huriet (20 décembre 1988), qui a pour fonction de protéger les malades contre les risques de l'expérimentation et de la recherche biologique ou médicale, implique un consentement éclairé du sujet, son information, son indemnisation, l'autorisation préalable des lieux d'étude, la soumission des protocoles à un Comité Consultatif de Protection des Personnes pour les Recherches Biologiques et place implicitement la recherche en psychologie clinique et en psychopathologie sous la responsabilité des médecins. Par ailleurs l'accès aux dossiers médicaux par des non-médecins est illégal. Enfin la loi « Informatique et Liberté » implique que la constitution de certains fichiers de personnes soit soumise à l'autorisation de la Commission Nationale Informatique et Liberté. Si toutes les recherches ne rentrent pas *a priori* dans le cadre de la loi Huriet, celles réalisées en psychologie clinique et en psychopathologie s'inscrivent dans son cadre d'application.

Il faut rappeler certaines difficultés spécifiques à la recherche auprès de malades, difficultés conditionnant sans doute des attitudes différentes et des précautions plus importantes dans la prospective de recherche et dans la conduite du travail. Ces difficultés concernent les questions du statut de malade, de la nature du consentement, des conséquences institutionnelles et sociales de la recherche entreprise. Qu'il s'agisse de malades « mentaux » ou de sujets atteints d'une maladie somatique leur laissant leur libre arbitre, la production d'une évaluation psychologique n'est pas sans conséquences. Dans les cas de maladie mentale avérée (états psychotiques), la question de ce à quoi participent les malades est d'autant plus difficile à résoudre que leur relation au sens est perturbée. Que représente le consentement et les explications fournies au patient, psychotique ? Une intervention auprès de malades peut être porteuse d'espoir même si rien, dans les informations données au sujet, ne permet cette interprétation. De même, une recherche réalisée auprès de patients en situation d'extrême difficulté (maladie invalidante ou létale, sujets anxieux…) possède un effet abréactif – surtout si elle procède par entretiens répétés – auprès de sujets en attente de soutien ou d'intérêt pour eux-mêmes et pas seulement pour leur maladie. Il est parfois difficile d'apprécier préalablement ce type de conséquences et l'on doit donc inscrire dans le projet les dispositions qui permettent de « contrôler » cet aspect relationnel de la recherche.

À quoi consent donc le malade ? Il n'est pas ici question de réfléchir sur les significations inconscientes du consentement, mais de considérer que le patient qui accepte de participer à une recherche peut être plus impliqué que nous le pensons : les phénomènes de suggestibilité, de majoration des résultats, de recherche d'une « désirabilité », peuvent avoir un effet et concourir au maintien ou à l'extension d'une symptomatologie faisant l'objet d'une recherche ou interagissant avec son objet. Consentir, c'est répondre à une demande, à une proposition ce qui, pour un malade, n'est pas chose courante ; les différentes significations qui peuvent être conférées à une telle situation, les ambiguïtés qu'elle implique, ne peuvent être ignorées du chercheur. Les conséquences cliniques de ses actions doivent amener le chercheur à réfléchir sur ce que peut produire son action.

Le savoir psychologique est loin d'être neutre. Lorsqu'il s'adresse à des malades, qu'il emploie des concepts issus de la pathologie, parfois perçus comme des catégorisations, il n'est pas sans retentissement sur les représentations qu'une société se fait des individus auquel il s'adresse. Un groupe social peut s'estimer stigmatisé par la nosologie psychiatrique ou par certaines recherches psychologiques. Se dessine une exigence de rigueur dans l'utilisation des concepts psychologiques lorsqu'ils sont appliqués à des catégories de sujets (handicapés ou malades). Il existe en effet un risque dans l'apport d'informations potentiellement péjoratives sur certains troubles « sensibles ». L'impact de nos discours scientifiques, des résultats de nos recherches constitue aussi un objet de réflexion sur l'éthique de la recherche.

La recherche auprès de malades (auprès de gens que les Américains nomment « captifs ») nécessite que soient appréciées non seulement les conséquences des opérations de recherche sur les patients, mais aussi que soit prise en compte la spécificité de leur condition, de leur mode de fonctionnement psychique et de leurs attentes. Il serait sans doute faux de croire que cette situation contraint de manière importante les activités de recherche. Toutefois, comme dans le travail clinique, l'objectif principal doit demeurer le malade, son bien-être, et l'on se doit d'éviter d'augmenter encore ses difficultés par le travail que l'on se propose d'accomplir avec lui. L'éthique n'est pas seulement la soumission du chercheur à quelques propositions inspirées de la loi Huriet, mais bien la prise en compte de principes parmi lesquels figure la nécessité de s'interroger sur les conséquences psychologiques de la participation du malade à la recherche.

CONCLUSION

Jusqu'à une époque récente, la lecture des publications françaises montrait qu'il existait plus de travaux épistémologiques *sur* la psychologie clinique que de travaux *de* psychologie clinique fournissant des résultats, des méthodes ou de nouvelles perspectives. Une telle situation signifiait qu'une des préoccupations principales des auteurs concernait le statut, la légitimité, les fondements, les objets, les conceptualisations de la psychologie clinique. Cette période est dépassée, et l'intérêt des cliniciens se déplace maintenant vers la diversification des interventions, des méthodes de recueil d'informations et de traitement et des productions théoriques en renonçant à l'adhésion à des modèles uniques (dogmes plus que doctrines) et en s'ouvrant à une forme d'intégration. L'originalité de la psychologie clinique tient précisément à son statut particulier ; née de la pratique auprès des sujets souffrants et d'un refus de l'objectivation extrême induite par la démarche scientifique, elle a tenté de produire des méthodes et des connaissances qui respectent à la fois la singularité des sujets, la totalité des situations et la rigueur scientifique. La difficulté d'une telle tâche n'échappe pas aux cliniciens, certains se consacrant plutôt à l'analyse de la singularité alors que d'autres se sont inscrits dans une démarche de validation et de mise à l'épreuve des énoncés généraux. Même si la psychologie clinique ne peut être une psychologie générale qui, à l'instar de ce que souhaitaient ses fondateurs ou ses inspirateurs, serait une alternative au paradigme expérimental, elle constitue un remarquable complément de la plupart des travaux psychologiques. La méthode clinique, employée dans des contextes différents de ceux de la pathologie ou du conflit, fournit un ensemble de connaissances précises sur la manière dont les phénomènes psychologiques apparaissent dans la réalité. Fondée sur l'individu, cette approche des phénomènes psychologiques complexes, des grandes interactions entre l'homme et son milieu, cette recherche de la manière dont l'homme construit son monde, fait de la psychologie clinique un domaine particulièrement riche de la psychologie.

BIBLIOGRAPHIE

Anzieu D. (1974). « Daniel Lagache et la psychologie clinique », *Psychologie française*, 19, 4, pp. 247-254.

Anzieu D. (1979). « La psychanalyse au service de la psychologie », *Nouvelle Revue de Psychanalyse*, 20, pp. 59-75.

Anzieu D. (1983). « Possibilités et limites du recours aux points de vue psychanalytiques par le psychologue clinicien », *Connexions*, 40, pp. 31-37.

Bénony H. (2002). *L'Examen psychologique et clinique*, Paris, Armand Colin.

Benony H., Chahraoui K. (1999). *L'Entretien clinique*, Paris, Dunod.

Bergeret J. (1986). *Abrégé de psychologie pathologique*, Paris, Masson.

Bideaud J., Houdé O., Pedinielli J.-L. (2004). *L'Homme en développement*, Paris, PUF.

Blanchet A. (1991). *Dire et faire dire : l'entretien*, Paris, Armand Colin.

Blanchet A., Gotman A. (1992). *L'Enquête et ses méthodes : l'entretien,* Paris, Armand Colin.

Bourgès S. (1998). *Approche génétique et psychanalytique de l'enfant*, Genève, Delachaux et Niestlé.

Bourguignon O. (2005). *La Déontologie des psychologues,* Paris, Armand Colin.

Bouvard M., Cottraux J. (1998). *Protocoles et échelles d'évaluation en psychiatrie et en psychologie*, Paris, Masson.

Canguilhem G. (1956). « Qu'est-ce que la psychologie ? », *Cahiers pour l'analyse*, 1966, 1/2, pp. 79-93.

Caverni J.-P. (1998). *L'Éthique dans les sciences du comportement*, Paris, PUF.

CHILAND C. (1983). *L'Entretien clinique*, Paris, PUF.

CICCONE A. (1998). *L'Observation clinique*, Paris, Dunod.

CLAVREUL J. (1978). *L'Ordre médical*, Paris, Seuil.

DOR J. (1987). *Structure et Perversion*, Paris, Denoël.

DORON J. (2001). *La Méthode du cas en psychologie clinique et en psychopathologie*, Paris, Dunod.

FAVEZ-BOUTONIER J. (1959). *La Psychologie clinique. Objet, méthode, problèmes*, tome I-II, Paris, C.D.U.

FAVEZ-BOUTONIER J. (1968) « Avant-propos », *Bulletin de Psychologie*, 21, pp. 889-891.

FERNANDEZ L., CATTEEUW M. (2001). *La Recherche en psychologie clinique*, Paris, Armand Colin.

FOUCAULT M. (1972). *La Naissance de la clinique*, Paris, PUF.

FOUCAULT M. (1975). *Surveiller et punir*, Paris, Gallimard.

FREUD S. (1923). « Psychanalyse et théorie de la libido », *Œuvres complètes*, t. XVI, Paris, PUF, 1991.

FUA D. (1997). *Le Métier de psychologue clinicien*, Paris, Armand Colin.

GHIGLIONE R., BLANCHET A. (1991). *Analyse de contenu et contenus d'analyses*, Paris, Dunod.

GHIGLIONE R., TROGNON A. (1993). *Où va la pragmatique ?*, Presses Universitaires de Grenoble.

GIAMI A. (1989). « Recherche en psychologie clinique ou recherche clinique » in C. REVAULT D'ALLONES (éd.), *La Démarche clinique en Sciences Humaines,* Paris, Dunod.

GILLIÉRON E. (1983). *Les Psychothérapies brèves*, Paris, PUF.

GILLIÉRON E. (1994). *Le Premier Entretien en psychothérapie*, Paris, Dunod.

GUILLAUMIN J. (1968). « La signification scientifique de la psychologie clinique », *Bulletin de Psychologie*, 21, pp. 936-949.

GUILLAUMIN J. (1977). *La Dynamique de l'examen psychologique*, Paris, Dunod (2e éd.).

HUBER W. (1993). *L'Homme psychopathologique et la psychologie clinique*, Paris, PUF.

IONESCU S. (1991). *Quatorze approches de la psychopathologie*, Paris, Armand Colin.

KRAEPELIN E. (1905). *Introduction à la psychiatrie clinique*, Paris, Navarin, 1984.

LAGACHE D. (1938). « La méthode pathologique », *Œuvres complètes*, t. I, Paris, PUF, 1977.

LAGACHE D. (1949a). « Psychologie clinique et méthode clinique », *Œuvres complètes*, t. II, Paris, PUF, 1979.

LAGACHE D. (1949b). *L'Unité de la psychologie*, Paris, P.U.F., 1969 (2e éd.).

LAGACHE D. (1949c). « Sur la formation du psychologue clinicien », *Œuvres complètes*, t. II, Paris, PUF, 1979.

LAGACHE D. (1956). « Psychanalyse et psychologie », *Œuvres complètes*, t. III, Paris, PUF., 1980.

LAGACHE D. (1979). *Œuvres complètes*, Paris, PUF.

MORO M.R., LACHAL C. (1996). *Introduction aux psychothérapies*, Paris, Armand Colin.

NATHAN T. (1986). *La Folie des autres. Traité d'ethnopsychiatrie clinique*, Paris, Dunod.

NATHAN T., BLANCHET A., IONESCU S., ZADJE N. (1998). *Psychothérapies*, Paris, Odile Jacob.

PEDINIELLI J.-L. (1992). *Psychosomatique et alexithymie*, Paris, PUF.

PEDINIELLI J.-L., GIMENEZ G. (2003). *Les Psychoses de l'adulte*, Paris, Armand Colin.

PERRON R. (1997). *La Pratique de la psychologie clinique*, Paris, Dunod.

Prévost C. (1991). *La Psychologie clinique*, Paris, PUF.

Reuchlin M. (1981). « Options fondamentales et options superficielles », *Revue de Psychologie Appliquée*, 31, 2, pp. 97-115.

Rogers C. (1963). « La relation thérapeutique : les bases de son efficacité », *Bulletin de Psychologie*, 17, pp. 1-9.

Sacks O. (1985). *L'Homme qui prenait sa femme pour un chapeau*, Paris, Seuil, 1988.

Schauder S. (2004). *Pratiquer la psychologie clinique aujourd'hui*, Paris, Dunod.

Schimd-Kitsikis E. (1999). *Pour introduire la psychologie clinique*, Paris, Dunod.

Sechaud E. (éd.) (1999). *Psychologie Clinique. Approche psychanalytique*, Paris, Dunod.

Widlöcher D. (1975). *L'Interprétation des dessins d'enfants*, Bruxelles, Dessart & Mardaga.

Widlöcher D. (1981). « Pratique clinique et recherche clinique », *Revue de Psychologie Appliquée*, 31, 2, pp. 117-129, p. 120.

Widlöcher D. (1990b). « Le cas au singulier », *Nouvelle Revue de Psychanalyse*, 42, pp. 285-302.

Widlöcher D. (1994). *Traité de psychopathologie*, Paris, PUF.

Widlöcher D., Hardy M.-C. (1990). « L'entretien psychanalytique », *Psychologie Française*, 35, 3, pp. 175-183.

Winnicott W. (1971). *La Consultation thérapeutique et l'enfant*, Paris, Gallimard.

Sites Internet

Syndicat National des Psychologues (SNP) : http://www.psychologues.org

Société Française de Psychologie (SFP) : http://www.sfpsy.org

Association Française des Psychologues Cliniciens : http://www.psychologues-cliniciens.org

La Psychologie Universitaire Francophone (UPSY) : http://www.upsy.net

American Psychological Association : http://www.apa.org

Achevé d'imprimer en France
par Dupli-Print à Domont (95)
www.dupli-print.fr

11017991 - (IV) – (0.3) – OSB 80° - BTT
Dépôt légal : novembre 2011
N° d'impression : 188802